U1008002

真正的教育真正的爱

好妈妈不打不骂
培养孩子的100个细节

宿文渊　著

天津出版传媒集团
天津科学技术出版社

图书在版编目（CIP）数据

好妈妈不打不骂培养孩子的100个细节 / 宿文渊著 . -- 天津：天津科学技术出版社，2020.4（2022.3重印）

ISBN 978-7-5576-7528-8

Ⅰ. ①好… Ⅱ. ①宿… Ⅲ. ①家庭教育 Ⅳ. ① G78

中国版本图书馆CIP数据核字（2020）第046415号

好妈妈不打不骂培养孩子的100个细节

HAOMAMA BUDABUMA PEIYANG HAIZI DE 100GE XIJIE

策 划 人：杨 譞

责任编辑：杨 譞

责任印制：兰 毅

出　　版：天津出版传媒集团
　　　　　天津科学技术出版社

地　　址：天津市西康路35号

邮　　编：300051

电　　话：（022）23332490

网　　址：www.tjkjcbs.com.cn

发　　行：新华书店经销

印　　刷：三河市兴博印务有限公司

开本 880×1 230　1/32　印张 8　字数 180 000

2022年3月第1版第5次印刷

定价：38.00元

preface

前 言

做父母的大都期望自己的孩子能成龙成凤，但家庭教育可不是一件简单的事，为人父母的你，是否常常觉得和孩子有距离感，常因各种问题发生争执？是否常为孩子的不听话、不懂事、太费心而苦恼？

妈妈和孩子的关系是最亲密的，但在孩子的培养问题上，很多妈妈却总是有一种无力、无助感，经常在一次次精疲力竭、几近崩溃时，拿起最后的武器——打骂，来对付孩子。但打骂之后呢？有的孩子会被暂时震住，变乖了，不闹了，但有的孩子却闹得更厉害。无论何种情况，这种打骂的教育方式都无法起到真正的教育目的，还会对亲子关系带来很深的伤害。

当家庭教育出现类似问题时，家长往往会把矛头指向孩子，并为其加上一堆让自己难过、让孩子痛苦的“罪名”。殊不知，优秀是教出来的，优秀孩子是优质教育的结果，身为家长，能否培养出一个优秀的孩子，需要从细节入手，掌握科学的教育方法。

本书立足于当代中国的教育文化背景，收集了大量可资中国父母借鉴的家庭教育案例，针对中国家庭教育中普遍存在的问题和误区，帮助妈妈对孩子的逆反行为及心理进行疏导，并给妈妈们支一些小妙招，希望可以帮助妈妈改变教育思维，掌握科学的教育方法，在不打不骂中培养出好孩子。

细节决定成败，优秀的妈妈总是在细节中强化培养，使孩子出类拔萃。本书阐述了完美亲子关系的本质规律和关键点，辅以大量的常见场景和问题加以说明，指导家长做孩子自我管理、自我激励、自我成长过程中的良师益友，在智商、情商、意志品质、能力、习惯等方面科学教导，是一本融合爱与沟通技巧的神奇之书，也是一本让家庭和睦、孩子茁壮成长的父母必读之书。

那些互相尊重而又切实可行的教育方法，仿佛一把打开孩子内心世界的钥匙，能指引家长切身体会孩子内心的感受，把和孩子的矛盾化解于无形之中，缓解所有年龄段孩子与父母的紧张关系，让孩子健康、快乐地成长。

contents

目录

第5章 把握尺度，可以宽容但不能纵容

第6章 多些夸奖，对孩子多实施“大拇指教育”

第7章 少些批评，责备孩子讲求艺术和策略

第8章 放下架子，跨越代沟与孩子平等交流

第 9 章　接受现实，及时修正对孩子的期望值

第 10 章　言传身教，帮孩子戒掉坏习惯养成好习惯

第1章

学会倾听，走进孩子的内心世界

放低姿态，把倾听当作一种愉悦

其实，每个孩子都有希望父母关注和倾听自己说话的渴求。作为父母，对于孩子的这种渴求当然也应当尽力去满足，并且在倾听孩子说话的同时，放低自己的姿态，不做指导者，给予孩子平等和尊重，这样更能使孩子感受到你是在乎和关心爱护他的，这对于发展孩子的语言能力来说至关重要。

“知心姐姐”卢勤在她的《好父母，好孩子》一书中就给我们讲过这样一个自己亲身经历的故事。

每次孩子回家，总是兴致勃勃地给我讲幼儿园里的事，不管我爱听不爱听。儿子需要一个忠实的听众，而妈妈是最合适的人选。

遗憾的是，开始我没有意识到孩子的这个需求，总觉得听孩子说话，浪费了我写稿子或思考的时间。所以，每次孩子和我讲话，我总是做出很忙的样子，眼睛左顾右盼，手里还不停地翻动着书报。

没想到，我的忙碌给孩子的语言带来了障碍。由于他是个思维很快的孩子，为了在有限的时间里把话说完，就讲得很快，慢慢地讲话就变得结结巴巴。

这引起了我的注意，我也开始注意改变自己，尽量抽出空来，倾听孩子讲话。

可见，父母学着倾听孩子说话，对孩子语言能力的发展是有重要影响的。此外，对于那些不听话的孩子，也只有放下姿态，倾听他们说话，父母才可能真正地了解其不听话背后真实的想法。

在现实生活中，当遇到孩子不听话的时候，大多数父母都只会摇头、吐苦水：孩子内心究竟是怎么想的？他怎么什么都不肯告诉我？然后抱怨孩子不懂事。

实际上，要想打开孩子的心门，探究他的内心世界，父母能做的就是放下自己的姿态来倾听。

耐心倾听孩子的诉说，让孩子体会到关爱和温馨，这才能使孩子与父母更加亲近。许多父母虽与孩子朝夕相处，但却不曾真正了解孩子的想法。如果父母不了解孩子的想法，那就很难有效地应对孩子的不听话行为。

父母要想纠正孩子的不听话行为，就需要放下姿态，亲近孩子，倾听孩子，走进孩子的内心。

晨晨今年 12 岁，是一名小学三年级的学生，上课老是调皮捣蛋，老师和同学们都很头疼。晨晨的父母更是头疼。他们对晨晨总是各种训导，可是晨晨依旧是我行我素。

有一天，晨晨的妈妈在收拾晨晨书桌的时候，发现了他夹在书里的纸条，纸条上写着：爸爸妈妈从来都不听我说话，不了解我心里想什么，不关心我。晨晨妈妈突然意识到，孩子调皮捣蛋可能只是想引起父母的注意和关心。

于是，等晨晨放学后，妈妈专门找他谈话。

“晨晨，来跟妈妈聊会儿天，好吗？”

“你又要训斥我了吗？”

“不是，这次，你说，我听。”

“真的？”

“真的。”

“可是，说什么呢？”

“那就说说你为什么在学校里调皮捣蛋的事情吧，还有为什么会这么做呢？”

晨晨便很认真地对妈妈说起了自己在学校里如何调皮捣蛋，还有为什么要如此。

妈妈便问晨晨：“如果我们以后都能认真地听你说话、关心你，你是不是就不再调皮捣蛋了？”

晨晨点了点头。

每个不听话的孩子心里都有一个声音，只要做父母的放低姿态就一定能听得见。

此外，对于建立和谐的亲子关系而言，父母放低姿态来倾听孩子说话也是必不可少的。没有人喜欢跟一个高高在上的人整天讲自己的心事，孩子也是如此。

欣怡已经上初中了，却很少体现出对父母的叛逆情绪，相处融洽，周围的同学和老师也都夸奖她是一个优秀的孩子。

邻居们更是羡慕欣怡的父母有这样一个乖巧的孩子，几乎每天，他们都可以看到欣怡的妈妈和欣怡坐在小区楼下公园的草地上开心说笑的场景。

“哎哟，欣怡妈妈真是好命，欣怡这么听话，跟妈妈好像是朋友，我们家依依什么事情都不愿跟我说，我们母女就像陌生人。”依依的妈妈对欣怡的妈妈说。

“阿姨，其实，不仅我听妈妈的话，妈妈很多时候也听我说话呢。”欣怡抢着说道。

“其实，要想和孩子成为朋友，就应该听听孩子内心的声音。这时候，不妨坐下来，坐在孩子身边，很愉悦地倾听孩子说话，试想孩子怎么会不愿意跟你说自己的心事呢？对不对，欣怡？”欣怡的妈妈一边对依依的妈妈说，一边摸着欣怡的头。

“对！”欣怡高兴地回答道。

总之，放低姿态，倾听孩子的诉说，对父母和孩子而言都是有益处的。那么，父母应该如何放低姿态，倾听孩子的心声呢？

尊重孩子的说话权

露露是个小学生，今年已经上四年级了。她从前是个活泼开朗的孩子，不过现在变得总爱一个人发呆。为什么会这样呢？露露的老师经过几次家访，才知道露露为什么会变得如此沉闷。

原来，以前露露有个习惯，每天放学回家之后，就会兴高采烈地把学校里发生的趣事都说给爸爸妈妈听，但是露露的爸爸妈妈只关心露露的学习，对露露说的那些话毫无兴趣，甚至觉得露露的那些话一点儿用都没有，简直就是在浪费时间，大多数的时候都要阻止露露说这些学校里的故事。刚开始的时候爸爸妈妈阻止露露的讲话态度还比较温柔，妈妈会蹲下来，对露露说：“好了，孩子不要说了，去看书吧，乖！”这时候的露露也都是悻悻地回到自己的房间中。

有一次，露露又忍不住说了班级里发生的事情，正说得兴高采烈之时，性格本来就有些粗暴的爸爸突然打断她："跟你说过多少次了，让你别说那么多废话，你还说，有完没完啊。写作业去！"露露被吓坏了，没说完的话也不敢说了，一个人心惊胆战地回到自己的屋子里去了。

后来，露露在家里的话越来越少，不过她的学习成绩也没有因此而提高，性格却变得越来越沉闷。

露露这样的情况并不少见，很多家长都不重视孩子说的话。家长们总是以大人自居，自以为是地认为小孩子就应该怎样怎样，甚至用自己的意见来教训孩子，这些做法都是非常不妥当的。亲子之间的沟通交流是影响亲子关系、影响孩子性格发展的重要方面。

很多家长会习惯性地忽视孩子的讲话，不尊重孩子的说话权，不重视倾听孩子的心声，时间久了之后，就会严重影响亲子关系。

更为重要的是，话语权得不到尊重的孩子，慢慢地就不再跟父母分享自己生活和学习中遇到的问题了，作为父母也就很难知道孩子心里真实的想法，而这样对孩子的教育也是非常不利的。

美美9岁了，上小学三年级，平时就是一个安静内向的孩子，很少主动去找父母说自己的心事。有一次，数学考试不及格的美美被老师当着全班同学的面讥讽为白痴。美美很伤心，回到家里，很想跟妈妈说说今天学校发生的事儿。

"妈妈，我有事情想跟你说。"

"学校里的事情吧，不是说了吗，不要每天回来就一个劲地讲你们学校的事情。"

“可是，妈妈……”

“好了，美美，妈妈很忙，去写作业吧。”

美美默默地回到了自己的房间。想想白天发生的那件事情，她很害怕上第二天的数学课。

从此以后，每次上数学课，美美都担惊受怕，数学成绩也一落千丈。

试想一下，如果在那天晚上，美美的妈妈没有以忙为借口而不听美美说话，事情又会是怎样的呢？也许妈妈就会了解到美美对数学课的恐惧，会帮助她去正确面对。

不尊重孩子的话语权，也会影响孩子其他能力。家长如果不能尊重孩子的话语权，想打断就打断，一方面不利于孩子语言能力的提高，另一方面也容易让孩子产生自卑心理。所以，尊重孩子的话语权，让孩子自由地说出自己内心的想法，对孩子的成长至关重要。

下面总结了一些家长习惯性的不当行为，可以对照一下，你是否也有类似问题：

1. 从来都不注意孩子倾诉的需求，当孩子主动找你说话的时候，总是以忙为理由，不愿意去倾听。

2. 当孩子兴致勃勃、滔滔不绝地讲话时，你总是习惯将其打断。

3. 能够在生活方面将孩子照料得很好，但在真正平等地对待孩子、注意孩子自尊方面做得很不够。

4. 如果孩子在学习和生活上有什么问题，不愿意听他们的倾诉，更不愿意帮他们分析原因。有时根本不等孩子把话说完，轻则呵斥，重则打骂，孩子也就只好将话又咽了回去。

家长在教育孩子的过程中应该谨慎地避免以上习惯性不当行为的出现。我们都知道，人和人之间的沟通无非就是倾听和诉说，如果家长不尊重孩子的话语权，无疑是给自己和孩子的沟通筑了一堵厚厚的“墙”。

如果想要孩子敞开心扉和自己聊天，那么就先从尊重孩子的话语权开始吧。

鼓励孩子说出内心的想法

在家庭教育当中，很多父母都认为培养孩子的独立性是一件很重要的事情。可是独立的第一步从哪里开始呢？那就是父母应该允许孩子有自己的观点和看法，并且鼓励孩子说出来，甚至当孩子的观点和自己的想法有冲突的时候，鼓励孩子与自己争辩。

当一个人对很多事情开始有了自己的想法时，就说明他开始慢慢地独立思考。因此不要阻止孩子说话，要知道在当今社会，培养一个会说话的孩子比培养一个会听话的孩子更重要。当一个孩子说出自己想法的时候，实际上也是其思考和加深对周围事物理解的过程；如果一个孩子能与父母争辩，那么就意味着他自我意识不断增强和心智日益成熟。

没有一个孩子的思想是在一夜之间能够变成熟的，他们需要一个成长和提高的过程，在这个过程中，他们很渴望说出自己的想法，有时候也难免会和父母发生争论，这就要求父母摆好自己的心态，不要为了维护自己所谓的“权威”而冲昏头脑。

君君今年刚上初一，他是一个活泼好动的男孩，课余时间特别喜欢体育运动，尤其是踢足球，但是他的父亲认为孩子踢球会耽误学习，时时敦促他好好学习。

这一天，君君和几个伙伴踢球玩，回家稍微有些晚了，他害怕挨骂，赶快和伙伴们一起往家走。

果不其然，他刚走到路口，就看到爸爸已经在楼下等着。爸爸看到他的第一句话就是："成绩不怎么行，玩起来倒是很有劲，我看你将来怎么考大学。"

爸爸的话让君君觉得很没有面子，他争辩道："我今天的作业都完成了。我很久没有痛快踢球了，今天破例晚一点儿，你也不用这么生气吧。"

"今天破例，明天破例，以后就不用学习了。我生气还不是为你好。你还敢在外人面前跟我顶嘴，翅膀硬了是不是？都不知道你以后想怎样。"

"爸爸，你根本就不知道我在想什么！"

就这样，君君和伙伴们闷闷不乐地各自回家，完全没有了先前的愉快气氛。

孩子有自己喜欢的娱乐活动，这本来是再正常不过的事情，但是家长却认为这是不务正业，不由分说地对孩子大加责备。

其实，故事中的君君已经向爸爸表示了自己是以学业为重，是在做好作业之后才去踢球的，但是父亲却因为反感孩子"顶嘴"的行为，完全不顾及孩子内心的想法就断定他是在动摇自己的家长权威，因此引发了父子之间的巨大矛盾。

在鼓励孩子说出自己内心的想法时，最忌讳的就是拿家长的权威去压孩子。有些时候，孩子可能会迫于家长的权威，说出一些违心的话，甚至不惜撒谎。

18岁的杨刚要考大学了，对于自己未来学什么专业，杨刚心里早有了打算，他准备报考社会学。因此当爸爸问他时，他几乎是不假思索。

爸爸听了，半天轻轻说了一句："那个专业就业很不好，希望你慎重考虑一下金融学。"说完转身回到了自己的房间。然后杨刚就听到了房间里爸爸和妈妈争吵的声音。

原来，妈妈支持杨刚的决定，爸爸反对，希望儿子能去学就业前景比较好的金融学。刚开始父母只是偶尔争吵一下，后来争吵的次数越来越多。

有一次，杨刚实在受不了父母每天这样争吵了，于是就对爸爸妈妈说："好了，你们不要吵了，我想了一下，觉得金融学也不错，就报金融学吧！"

殊不知，这只是杨刚的一个谎言，他还是坚持自己的喜好，在填报志愿时填写了社会学，只是当父母知道时，已经无济于事了。这件事让杨刚的爸爸生气了好久，他想不到儿子竟然会欺骗他。但是，志愿也已经报了，他也无可奈何。

总之，父母在教育孩子的过程中，只有鼓励孩子说出自己内心的想法，才有可能让自己的教育起到积极的作用。那么父母怎样鼓励孩子说出内心的想法呢？

善于听出孩子的弦外之音

相信很多成年人都有这样的经历，有时候会因为不好意思，选择用一种很隐晦的方式表达自己想说的话，可是还是满心希望听这话的人能听出弦外之音。

其实，不只是成年人，孩子也会有这样的时候。随着年龄的增长，孩子的语言表达能力会不断提高，他们希望得到话语权，希望被尊重、被认可，尤其是对于父母，他们的期待也就更多一些。但是有些时候，孩子又会常常出于一些特殊的原因不愿意将心中的想法直接告诉父母，而是用一种特别的手段。此时的父母应该细心观察孩子的举动，揣摩并理解孩子话中的弦外之音。

李铮是某市重点中学的一名学生，不仅在班上担任班长职务，还在校学生会任职，可以算得上是一个出类拔萃的学生。可最近，向来自信乐观的李铮却有了心事，原来，他在不知不觉中对班上的一名女生产生了好感，他觉得有些困惑和迷茫，于是想把自己的心事跟妈妈说说。

一天晚上，妈妈正在电脑前加班，看妈妈已经快忙完了，他走过去，没有直接说自己的事情，却试探性地问："妈，你累了吗？"

"儿子，妈妈不累。"

"妈，你晚上回家还要工作，一定很辛苦，我给你捶捶背吧！"

“儿子，妈妈知道你懂事，可我现在还没忙完呢。”

听了妈妈的话，李铮知趣地走开了。后来，妈妈转念一想，觉得儿子今天的举动异常，应该有什么事情想跟自己说，于是，她放下了手中的活儿，说：“儿子，妈妈忙完了，你有什么想跟我说吗？”

于是，李铮把自己的问题和困惑向妈妈诉说了一番，经过妈妈的开导和教育，他顿时觉得轻松了很多。

在日常生活中，做父母的要多关心和了解孩子，尤其对于那些性格偏于内向、说话喜欢拐弯抹角、不善于表达的孩子，父母在交流的时候要尤其注意观察。这类孩子的内心想法和感受可能不像自己表达的那么简单，也许有着更为深层的内容。

另外，作为父母还可以通过孩子一些肢体语言、情绪以及习惯的突然变化来推测孩子是不是话里藏话。比如一个平时大大咧咧的孩子突然说话小心翼翼，这时候父母就要小心了。孩子心里可能还有一些无法直接开口的话等你去听呢。

只有听出了孩子所说的话的弦外之音，才可以更好地了解孩子的需求，有针对性地帮助孩子解决问题。

其实，要做到这些，也不是很难。下面是给家长的一些技巧：

第一，要认真倾听孩子诉说。只有认真地倾听孩子说话，让孩子感受到你是关心他的，他才会慢慢地打开自己的心门。如果一开始就不认真听孩子诉说，孩子也会将你拒之门外。

第二，在与孩子的交流中，要仔细地观察孩子的表情、肢体动作等。孩子的内心其实是藏不住事情的，稍微有风吹草动，他们就会在情绪上或者肢体上表露出来。只要父母细心地观察和留意，一定可以感知到孩子内心的事情。

第三，多站在孩子的角度上想问题。孩子问问题的时候多半是从自己的角度出发，比如，他们问父母每年被遗弃的孩子有多少，其实，他们关心的并不是这个，而是自己会不会被遗弃。

每个父母都想通过和孩子的交流走进孩子的内心世界，那么就请父母多观察孩子，留心孩子的动作和神情，善于倾听孩子说话的弦外之音。

饶有兴味地倾听孩子的喜怒哀乐

我们都喜欢跟自己的朋友交谈，原因是：在我们悲伤时，朋友会给我们鼓励；在我们生气时，朋友会给我们安抚；在我们愤怒时，朋友会让我们平息；在我们兴奋时，朋友可以和我们一起兴奋。

总之，我们的一切情绪都会得到朋友的积极回应。

其实，孩子对父母也有这样的渴望，他们很希望自己的讲述可以得到父母的积极回应，希望父母可以饶有兴趣地倾听自己的喜怒哀乐。

有个男孩今年上初中，是一位超级球迷，虽然学业比较繁重，可是每次有足球比赛都要彻夜不眠地看。

他也很愿意给母亲讲足球的事情，可是每次兴高采烈地对母亲说着精彩的足球赛事时，母亲却没有一点兴趣，偶尔还会在儿子半夜看球赛时呵斥一下他。慢慢地，儿子就再也不跟母亲聊足球的事情了，这让母亲心里有些不好受。

于是母亲给儿子写了一封信：

你是一个铁杆球迷，为了看球，甚至可以不吃饭、不睡觉。说实话，我原本无法理解，对我来说，足球只是一堆人争夺一个球的无聊游戏。你常常深更半夜悄悄起来看英超、意甲转播，虽然为了不吵醒我们，你总是把音量调到最低，但是，你那压抑的激动声响，和偶尔克制不住而发出的大声喝彩，还是会惊醒我，那时，总免不了对你一顿教训。

可有一天，一个念头突然冒出来：能够让你如此如痴如醉的足球到底为何吸引你呢？我怎样才能够体会你在看足球时的快乐呢？有机会一定要尝试一下。

对此，儿子在自己的日记中也有所记载：

奇迹果然出现了！不但是塞内加尔的奇迹，也是我妈妈的奇迹——她竟然从此迷上了足球，每天抢着看报纸，准时看球赛，关心贝克汉姆，询问罗纳尔多。当我们同时情不自禁地站起来给中国队加油的时候，我感到我们的心灵第一次如此相通。我心里只想说："能跟妈妈分享我的快乐，我真高兴！"

我们都希望有人分享自己的欢乐与悲伤，孩子更是如此。我们都希望在讲述自己的喜怒哀乐时，能得到他人积极而正面的回应，孩子也是如此。

可是，有多少父母在孩子向他们诉说自己的喜怒哀乐的时候，做到了饶有趣味地倾听呢？很多父母，在孩子滔滔不绝地讲述着令自己高兴的事情时，打断孩子的话，或者只是简单地敷衍几句。

久而久之，孩子肯定不愿意再和父母分享自己的情绪。因为这种打断和敷衍会给孩子一种感觉，那就是：父母是不关心自己的。所以父母在听孩子讲话时，一定要认真积极地回应。

父母的回应一方面可以让孩子感受到父母对自己的关心和爱护，从而愿意与父母分享更多的自己成长中的故事，有助于父母了解自己的孩子。另一方面，这也是对孩子的一种鼓励，鼓励孩子更加从容地把自己内心的想法表述出来，这对于孩子日后的表达能力和交流能力的提高都是有益处的。

有些家长为了维护其尊严和权威，往往对孩子实行命令主义，总要摆架子，对孩子过多地批评、指责，极少鼓励、赞扬。这种家庭教育方式让孩子怎么开口讲心里话呢？有些父母因孩子动作慢，索性代劳，当孩子想表达自己的意见时，父母却抢着说。这种不耐心倾听的结果，会干扰孩子创造性的思考过程，使他变得沉默、依赖。

我们都知道，仔细倾听孩子的诉说并回答孩子的问题对加深亲子关系大有裨益，这可以加强孩子的自信心和安全感。

因此，孩子说话时，无论家长有多忙，一定要眼睛看着孩子，不要随意插嘴，尽量表现出听得很有兴趣的样子。

对于孩子的兴趣要尊重

兴趣是开启智慧之门的金钥匙，而父母要做的就是尊重孩子的兴趣，让孩子学自己想学的。经常会看到有的孩子每天都要背一大堆的琴谱，然后苦着一张脸，坐在钢琴旁边练琴。面对这种情况，孩子的父母也许会说："我们现在有能力送他来学，现在的孩子多幸福，想要什么有什么，我们小时候……"确实是这样，社会发展了，家庭经济条件也好了，社会对人才的要求也更高了，我们要顺应社会的发展。但是，无论怎样的教育，首先要尊重孩子的兴趣。

要知道，人的兴趣本来就是单方面的，对于一件事情，也许孩子在开始的时候并不感兴趣。但是，如果父母可以引导、鼓励他们，给他们一个良好的环境和机会去接触和学习这件事情，就可以培养出孩子的兴趣来。不过，在这之前，父母必须对孩子的能力和意愿以及其他方面的条件都要做再三的考虑。

再说了，孩子的兴趣本来就是随着成长而改变的，有个孩子小时候喜欢玩棒球，还曾经把当棒球手当成自己的理想，但是，他长大了之后却成了一个研究天文方面的科学家。其实，孩子在不同的年龄段会有不同的兴趣，所以，不要太早就给孩子指出一条路让孩子去走。

尊重孩子的兴趣不是光说说就可以的，必须要有实际的行动。有的父母会尊重自己孩子的兴趣，但是当他们失去耐心的时候，孩子往往会成为他们的出气筒。但是，有的父母却不这样做，他们知道，那样对孩子的伤害会有多深。

在结构游戏中，向来非常听话的汤姆一直站在旁边，不管爸爸怎么鼓励、劝说，甚至责备也不肯参与游戏，爸爸并没有因此而失去耐心，更没有生气地对汤姆大声喊，而是问他："你不想搭公园，那你想玩什么？"汤姆说："想搭一架飞机。""我批准了你的想法。"爸爸当即说。汤姆高兴地玩去了。其实，对于父母来说，搭公园和搭飞机差不多，关键在于孩子本身是否感兴趣。对于有兴趣的东西，孩子会产生一种强烈的学习欲望，并在学习中产生一种满足感、愉悦感。但是，有许多父母总是要求孩子像大人那样坐着，聚精会神地看书，对孩子感到十分好奇的东西却不准他摸，甚至不准问。这样一来，孩子没有兴趣，他便无法发挥主动性，根本就学不好，久而久之，孩子是会产生压抑、厌恶、叛逆心理的。

当孩子对某些事情不感兴趣或是对某件事情不屑的时候，父母一定不要硬和孩子对立。而是要诱导孩子。

比如，一个孩子跟母亲在看现代油画，他持批评态度。这时，母亲不是反驳他，而是对他加以引导。

母亲："这种抽象派的画你不喜欢？"

孩子："嗯！我觉得难看。"

母亲："那写实派的画你喜欢吗？"

孩子："写实派的画又是怎样的？"

母亲："写实派的画就是画个人就像个人，画朵花就像朵花，画间亭子就像间亭子。"

孩子："噢！那我喜欢那种画，现在我才知道我喜欢写实派的画。"

还有一个例子是这样的。

一个13岁的孩子在画廊看到那些抽象派的画时，对父亲说："这些画没意思。"父亲说："不懂少多嘴，你对这方面又不了解，最好搞清楚了再发表意见。"

孩子很不服气，大声地说："我还是认为这些画没什么好的。"

这种对话有什么效果呢？只会伤害孩子的自尊心，既增长不了他对艺术的认识，也不能增进他对父亲的敬爱，他甚至会找机会回敬父亲一句：“你对这种画又知道多少？”这就造成了双方的对立，拉大了父子间的距离。

所以说，对孩子进行诱导的时候一定要有耐心，不要对孩子的无知抱嘲笑的态度。

在尊重孩子的兴趣时，最主要的是要充分了解孩子，调整期望值，因材施教。总有一些家长，对孩子的期望过高，今天拿唱歌跟这个比，明天拿画画跟那个比。能力强的孩子还好，比出了自信；能力弱的呢？就比出了自卑，比出了压抑，比出了越来越沮丧的心情。如果每位家长都能充分了解自己的孩子，制订出相应的目标，让每个孩子都在自己的水平上得到适当的发展。那么，孩子学起来将会很轻松愉快，家长也将成为一名教育的智者。

爸爸妈妈应尊重孩子的人格类型

人格类型是天生的。孩子呱呱坠地，来到这个世界上的那一刻，他们的人格类型就已经确定了，这可能是由在子宫内遇到的事件所决定的，也可能是由母亲怀孕期间的精神状态所决定的。换言之，亲子关系不能决定孩子的人格类型，但会影响孩子的健康程度。因为在孩子的成长阶段，他们将显现出大人意想不到的能力和处世方式，期间如果父母无意之中阻拦了他们的自然发展，孩子便会成为心灵扭曲的人或精神病患者。

所以，父母必须观察孩子的类型，并且以孩子所属型号的最佳发展来与他们相处、引导他们成长，而不是试图去改变他们。于是，当父母通过心理工具（例如九型人格）去引导孩子发展自我时，便给孩子带来了最宝贵的礼物：情感健康的童年和更加愉快的未来。

用一个很简单的例子来说明：

小伟的父母都属于性格外向的人，他们精力充沛而富有活力，但是他们的宝贝儿子却安静、严肃并且内向。小伟讨厌跟着爸爸妈妈到处串门见朋友。比如出门前妈妈会说："儿子，今天咱们去李叔叔家，记得叫人哦。"可是到了李叔叔家，任凭爸爸妈妈在旁边怎么威逼利诱，小伟就是不开口，急得爸爸差点没动手打他。

久而久之，爸爸妈妈认为小伟太内向，便给儿子报了合唱团，想让儿子变活泼一点。但是去了一次以后，小伟就再也不去了。父母逼急了，往往是前脚刚把他送到少年宫，后脚老师就看不到他的人影了。打也打了、骂也骂了，小伟不但变得更加不爱说话，而且还处处躲着父母。小伟的父母为此烦恼不已。

由此可见，若不了解孩子的性格类型，父母和孩子之间的关系也许就会变得紧张。小伟也许不自觉地认为："我一定很让爸爸妈妈失望。"这可能会导致孩子情感上的无助。而父母设法操控或迫使孩子更像他们，却因为不了解孩子而感到内疚："孩子变成这样都是我的错。"

不难看出，如果父母能够清楚地了解九种性格各自的特点，明白是什么驱使孩子和自己产生不同的行为，如："孩子为什么喜欢安静？孩子为什么不肯开口叫人？”通过孩子的性格表露发现其内在的人格类型，完善孩子的性格也就变得非常简单了。

小伟的少言寡语，其实就是因为他属于九型人格中的理智型。他的思维模式和习惯决定了他沉默寡言、欠缺活力，甚至反应缓慢，所以他喜欢和陌生人保持一定的距离，不喜欢很热闹的场合。但父母只要仔细观察就会发现，属于这一性格类型的小伟在沉默寡言的同时，思维分析能力和求知欲会很强，而且他遇事一定能够从容不迫地应对。当疑惑的父母明白了这些问题后，尊重孩子的性格类型，再加以恰当的引导，相信一切难题都能迎刃而解。

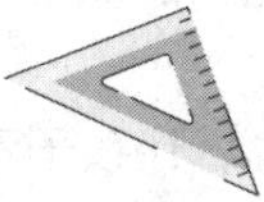

第2章

心中有爱，密切关注孩子的身心健康

教会孩子自我保护

父母总是希望做孩子的保护伞，让孩子不受伤害。但是，毕竟孩子要独自去面对未来，这就涉及孩子的安全教育。

安全教育，是除了智力教育和情商教育之外，一个十分重要的内容，也是一个很容易被忽略的内容。现在社会上有很多不法分子专门伤害孩子，如果孩子的安全意识薄弱，那很可能会给不法分子可乘之机，最终给孩子和家庭带来悲剧。

新浪网的育儿论坛曾经就“该不该让孩子和陌生人说话”展开过讨论，大家的意见各不统一，有的人认为这是担心过度了，根本没有这么严重；也有人觉得，教育孩子安全防范，告诉他不要和陌生人说话，并非是夸大其词。

就在我们的身边，因缺乏自我保护意识和知识，本来是很容易消除的隐患与不测，有时也会演变成严重的悲剧。这种现状，在令人欷歔之余，尤其值得家长警醒，家长应在安全方面对孩子进行认真教育。

14岁的小丽容貌清秀，喜欢上网聊天。今年7月，她通过QQ聊天认识了一位男网友。

“在芸芸众生中，人与人的相逢是种缘分。既然上帝让我遇见了你，这注定是美丽的缘分。”这位男网友经常会对小丽说一些甜言蜜语，让小丽很心动。而小丽也愿意与他聊学习、生活和感情的事情，尽管网友明确告诉小丽，他是混江湖的，可是天真的小丽却说自己一点也不在乎他是做什么的。

男网友很会说话，在网上频频关心小丽，渐渐地小丽对他产生了好感，上网见不到他就会很失落。小丽很想跟这位网友见面，网友说自己也很想见见清新可爱的小丽，不如两人就见一下面吧，小丽没有多想就答应了。

寒假没过几天，男网友就约小丽在附近一火锅店见面。网友不停地给小丽夹菜，劝她喝酒，不胜酒力的小丽很快便不省人事。

第二天早上，小丽发现自己光着身子躺在宾馆床上。网友安慰她说，她就是他的女朋友了。但没过多久小丽就发现，男网友同时还与好几个女人来往，这让她痛苦不已。

寒假结束后，小丽回校上课，却发现自己怀孕了，网友这时却一声不吭地消失了。

小丽知道自己受骗了，感觉很害怕，但她不敢告诉父母，于是自己悄悄跑到一家小诊所去打胎，结果由于小诊所的医生水平有限，医疗设备也不完善，差点要了小丽的命。等到父母找到小丽的时候，小丽惨白的脸色吓坏了父母。更让人心痛的是，由于这次失误，小丽以后再不能生孩子了。

不得不说，小丽的人生因此遭到了重大的打击。

这个悲剧的发生，不能不说跟孩子自我保护意识差有很大的关系。如果她有足够的警惕性，不轻易相信别人，悲剧是完全可以避免的。让孩子学会自我保护，并尽可能多地避免意外伤害，这是家长的义务。当然，这不是一朝一夕的工作，也不是定时定点的课程，它的学习和养成都需要父母用一双智慧的眼睛去发现可能潜在的危险，然后在第一时间嘱咐好孩子，告诉他如何躲避和应对。

比如说，家长可以告诉孩子，如果有陌生人向他问路，应该热情指点，但是如果对方邀请引路，那就一定要小心并提高警惕，即便是非常熟悉的地方，哪怕离得再近也不可以去。如果陌生人纠缠的话，那就要大声呼救以引起路人的注意。再比如说，家长可以提醒孩子，不要随便吃陌生人给的东西，如果有人给东西吃，一定要婉言谢绝。很多坏人会利用孩子嘴巴馋的特点，引诱他们中圈套。

家长不仅可以跟孩子讲些自救的方法，还可以通过角色演练等方式，帮助孩子加深印象。在家庭中，父母可以设计很多可能发生的情况，向孩子提出问题，测试他们的反应能力，同时还可以演练父母和孩子之间如何保持通信联络的内容。

总之，家长应该注重安全教育，教会孩子自我保护，这对孩子的安全健康至关重要。

孩子的伤疤不能揭

在现实生活中，有不少父母老是喜欢揭孩子的伤疤，认为这样就可以让孩子改正错误的习惯或者行为。然而却发现，不但没有让孩子改掉错误的习惯或者行为，反而让孩子和自己越来越疏远。

张华和陈默是表兄弟，两个人在同一所学校上学，两家住得不远，所以两家人往来比较密切。有一天，张华的妈妈带着张华到陈默家玩，此时陈默的妈妈正因为孩子的数学考试成绩不理想而训斥孩子。

“你怎么搞的？怎么又考得这么差？都不知道你平时是怎么学习的，我都要被你气死了！”陈默的妈妈大声地训斥着陈默。

陈默不说话，低着头，似乎也在为此而觉得羞愧。

“唉，孩子考试考不好是常有的事情，下次考好了就行了。”张华的妈妈觉得这样训斥孩子很伤孩子的自尊心，就急忙劝解到。

“唉，你不是不知道呀，他小学的时候学习还是不错的，可自从进入初中以来，他的成绩就开始退步了。”陈默的妈妈向张华的妈妈说道，然后又转过身来训斥陈默。

“下次考好？哼，我看你下下次都很难考好。你想想看，这个学期你哪次考试让人满意了？去年期末考试的成绩就很糟，数学没有及格，英语也考得很不好。这学期的期中考试你还是没有长进，英语还是只考那么点分，数学仍旧是不及格，你丢不丢人啊？”妈妈对着陈默又是一阵数落。

“其实我也想好好学的，我也不想这样的！”在妈妈的强势下，陈默的辩解很无力。

“那你还不好好反省一下，下次考好点，不要总是不及格了，很丢人的。”看到妈妈当着表弟和姨妈的面这样批评自己，陈默觉得很不好意思，于是没有再说什么，低头进了房间。

在孩子的成长过程中，挫折与失败总是难免的，有些失败会随着时间的流逝被淡忘，但是有些失败却成为他们心里的阴影。这时候，就需要父母的鼓励和安慰，帮助孩子走出失败的阴影。

可是，在现实生活中，我们还是能看到不少父母像陈默的妈妈一样，反复提孩子失败的经历，随意揭孩子的伤疤，这无疑会给孩子的心灵带来伤害，而且对父母来说，也不是一件好事情。

站在孩子的角度说，揭孩子的伤疤会让孩子想起从前失败的经历，进而加重他自卑失落的心理。很多父母总是故意提起孩子的失败或者挫折，想以此激励孩子努力，这是一种非常错误的观点，这不仅不会给孩子以激励，相反还会让他备受打击。试想一下，如果一个人失败的经历总是被反复提起，那他的信心该如何建立呢？他只会被失败带来的失落感困扰，从而更加自卑失落。

每一次的失败，就像一个伤口，如果父母希望孩子心理的这个伤赶快好起来，就不要随意揭孩子的伤疤，相反，要尽量给孩子鼓励和安慰，才能让孩子尽快走出阴影，重获自信。

运动是孩子最好的活动

孩子的身心是和谐发展的，孩子的运动能力也是和谐发展的，缺漏哪一方面都会使运动能力乃至孩子的身心健康受到危害。运动对于孩子的作用是不可忽视的，父母应该帮助孩子开发运动潜能。对于孩子来说，运动是最好的活动。

1. 运动有助于孩子的发育与健康

运动器官由骨骼、关节、肌肉（骨骼肌）所组成，肌肉收缩时带动关节及骨骼完成一定的动作。每一种身体动作都是多块肌肉协同活动的结果，有一些肌肉收缩，有一些肌肉舒张，相互配合形成运动过程。所有运动都受神经系统支配，都处于脑的调节之下，脊椎、脑干、小脑、大脑均参与运动的调节和控制。大脑的运动指令，还需要大脑感觉中枢的配合，以感觉到的信息作为参照而决定运动的位置、力度、速度和力量。大脑中运动功能区和感觉功能区，遍及顶叶、颞叶、枕叶以及前联合后联合的有关部位。运动能力发展正常，表明大脑的发育是健康的，这样运动状况就成了神经系统发育是否正常的外部标志。

运动有助于孩子的生理健康。运动时，呼吸系统、循环系统、消化系统等都在大脑和神经系统调节下，参与运动过程。运动需要能量、氧气，运动也加速了新陈代谢，运动的过程中，使骨骼肌肉和多系统多器官都得到了锻炼。科学的运动，可以提高身体素质，提高人体对环境的适应能力，增强体质，减少疾病。

运动有助于心理健康。运动能够使孩子获得活动身体的满足，使孩子精力充沛，情绪愉快，而良好的情绪又有助于身体健康。

经常运动，大脑运动中枢对身体运动信息的加工迅速，反应敏捷、协调，具有躲闪的能力与速度，这类孩子往往比不勤于锻炼身体的孩子更能预测、避免、躲闪危险情境，更有助于保护自身的健康和安全。

2. 运动有助于孩子感觉统合功能的发展

“感觉统合”是由美国学者艾瑞丝于 1972 年提出来的，意指人脑有把多种感觉信息统合起来，对刺激做出协调反应的能力。只有经过感觉统合，各个感觉系统才能自如、默契地互相配合，身心才能平衡发展。

脑科学研究表明，激活脑细胞活动的最初刺激是感觉信息，因为初生婴儿的感觉已经开始工作，只是脑对各种感觉信息的统合和协调的能力尚需经过无数次丰富的“感觉学习”和知觉经验的积累，才能得到发展。在大脑发育的关键期内，婴儿的感觉信息贫乏或不全面（没有使所有感官都得到刺激），就会影响大脑的发育，严重时还会带来一系列的行为改变，导致了“感觉统合”的失调。

在所有的感觉系统中，触觉刺激的频率最高，从肌肉关节到全身的皮肤，每天都有大量的触觉信息源源不断地传到大脑。触觉协调能力正常的孩子，其脑干会对这些刺激进行分类和过滤，次要信息被压抑，主要信息才会传到大脑。触觉协调能力不足的孩子易产生触觉敏感（防御性过强）或触觉迟钝（防御太弱）。触觉敏感者，事无巨细的触觉信息传至大脑，均需要做出反应，引起大脑的动荡和行为的多动，分散注意力，影响大脑对主要信息的加工，就会影响学习。多动症一般都产生于触觉敏感的孩子。触觉迟钝者，反应慢，动作不灵活，缺乏自我意识，无法保护自己，学习能力也很难发展。在开放的自然状态的养育方式中，并不缺少触觉协调能力的学习，如玩沙、玩水、在泥地上爬行、在草地上打滚，都有不同的触觉感受。但是，在当今的都市里，由于生活空间变小，孩子接触自然的机会以及自我锻炼的环境都严重不足，一些十多年前孩子能够享受的活动，现在渐渐消失了，住在高楼居室内的孩子，连晒太阳、吹风的机会也很少了。提倡多让孩子接触自然，提倡让孩子在安全的环境中接触不同客体，用不同的方法进行自我探索，不仅仅是为了发展孩子的认识能力，还因为这些活动，提供给孩子许多触觉协调性以及其他感觉运动学习的机会。

如果因为开发智力潜能而忽视感觉运动学习，父母和孩子都将为此付出代价。3岁前的孩子不能进行“秀才”式的培养，要把科学的运动放在首位，至于其他事，留待于未来培养也不迟。

3. 运动有助于孩子良好个性品质的形成

运动可以锻炼身体的协调性，速度、肌肉的耐力，处理事情的独立意识和技能；运动使孩子的行为变得主动、勤快、灵活、细心、果断、敢于探索；运动使孩子的体能得到释放而使情绪舒畅；孩子的许多运动是与小伙伴或亲人、师生共同进行的；有玩伴的运动可以使孩子变得随和与合群。上述身体素质与行为，都与个性品质培养的目标高度一致。

个性中的气质特点的可塑性是最小的，但在孩子两岁以前通过运动改变或部分改变原本的气质特点是完全可能的。例如一个生性胆怯的孩子，经常有机会让他在安全适量的运动中获得愉快的体验，可以使他变得活泼开朗一些，但是，如果剥夺孩子的运动，比如过多地把孩子放在车里或抱在手上，那么胆怯的孩子可能会变得更加的退缩、忧郁。

给孩子以成长需要的爱

心理学家费洛姆在经过长期研究以后，将爱的表现形态归结为四个方面：关心、尊重、理解、责任。

关心，就是对孩子的照料。这对孩子们来说太需要了，年幼的孩子，遇到困难特别多，饮食起居、学习、身体都需要父母的照料。不但要关心孩子的物质需要，也要关心孩子的精神需要。但关心不是包办代替，不是越俎代庖，不是放任，不是溺爱，不是过度保护、过度干涉，不然，爱的关心就会走向反面。

尊重，就是要平等地对待孩子，尊重孩子的人格、兴趣、意愿，而不压制他的个性。

有一位小学生，叫小明，爱集邮，却遭到父母反对："集邮有什么好，只会浪费你的学习时间，花费家里的钱。"父亲还说："不许你集邮了。"小明被恼怒了，顶了父亲一句："集邮有什么不好。"父亲火了："你还敢顶嘴？我把你的邮票烧了。"说着，真的将邮册投进了炉火里。儿子的心像刀割一般，这可是他几年的积累了！后来在一次作文竞赛中，他把从邮票上学到的知识用到了作文上，获得了第一名！可他不想把这喜讯告诉父母，因为父母的言行在他心中投下了阴影。

应该说小明的父母本意是好的，但他们没有尊重孩子的独立个性，剥夺了儿子的集邮爱好。把自己对前途、对成材的看法强加给儿子，认定集邮是浪费学习时间，并以居高临下的权威地位，以不平等的强迫命令态度去处理儿子的个性爱好。

这种缺乏尊重的爱不能算是真正的爱。因为父母没有把孩子当成一个在人格上平等的、独立的人那样去爱。

理解，就是对孩子深入地了解。家长要能站在孩子的立场上想问题，分析问题。只有真正理解了孩子的困难、愿望和要求，爱才能落到实处。

上四年级的小丽，放学回家就向妈妈抱怨："老师太狠心了，这么多作业，真不想做了。"

妈妈走过去温和地问："都有哪些作业？"

"你看，数学计算题 15 道，应用题 5 道，还有语文课文背诵、问答题、小作文。"

"是太多了，考试前这些天够辛苦的。是否一定都要做？"

"那倒不是，有几个题，老师说来不及可不做。"

"那就先休息 10 分钟再做吧，反正不一定全做。"

"那怎么可以呢，不做的那儿道题刚好考到呢？"

小丽边说边摊开书本、作业本，在温馨的氛围中认真地做起作业来。

其实，小丽并不是不想做作业，而是求得母亲的理解。"真不想做"，是她负向情绪的一种语言宣泄，并非她本意真的"不想做"。这位善解人意的母亲很快化解了女儿的烦恼。

责任，就是要对孩子有一种安全、主动负责的精神，这是更高层次的爱。这种爱，渗透到生活的各个方面，无论孩子是俊是丑、智商是高是低、表现是好是差、身体是健康还是残疾，我们都要爱他，都要对他负责。

杭州有一位女孩叫杨洋，她是我国第一位通过平等竞争进入普通高校深造的聋人大学生。她之所以能冲破障碍、超越自我获得成功，就是因为有非常爱她的父母。

杨洋是 4 岁时由于耳毒性药物致聋的，可她父母不认命：不能让女儿聋了又变哑。为了让女儿到普通学校读书，父母决定用汉语拼音教女儿说话。于是当工人的父亲每天下班回家，就教女儿"ɑ—o—e"，可对声音毫无感觉的女儿，几百次发音却是几百种奇怪的声音，父亲总是耐心地边教边听、偶尔逮住一个较准的发音，就让女儿再发，可又是几百次千奇百怪的声音，父亲仍然耐心地教、耐心地讲……年幼的女儿不耐烦，恼了，父亲就拉着她的小手与她做游戏，表演有趣的故事。就这样，父亲教会了女儿一年级的语文、数学。好不容易进了普通学校，为了这来之不易的学习机会，父母竭尽了全力腾出了最大的一间房，买来了小孩爱看的课外书、爱玩的扑克、象棋，准备了小零食、开水……以吸引女儿的同学放学后来学习和活动。这样可通过他们了解教学内容和进度以及老师的要求，从而有效地帮助女儿的学习和生活。

在父爱母爱的阳光雨露下，奇迹出现了，杨洋不但上了省重点中学，而且以优秀的成绩考上大学本科，成绩还保持在前三名！她通过竞选当上了系里的团委组织部副部长，在大学入了党。现在杨洋已参加了工作，能用语言与人交流，真正融入了社会。

由此看来，父母对孩子真正的爱，应是孩子健康成长需要的爱。而且爱是一种被动的感觉，它不以父母自己感觉“爱孩子”为标准，而是要看孩子是否感觉到。这种爱应是稳定的，像太阳一样永恒；要及时地，要求父母细心、敏感，当孩子需要时，马上给予；是行动的，不仅仅是口头上的，更是实际行动去体现。这样，孩子才会感受到父母真正的爱、可靠的爱。

好妈妈能拿捏好表达爱的分寸

天下没有不爱孩子的父母，但是，父母们往往拿捏不好爱的分寸，容易对孩子造成溺爱。溺爱的危害不言而喻。在探讨如何防止溺爱孩子之前，我们先做个小测试，看看你是否是溺爱孩子的父母、这种溺爱到了何种程度。

题目：请根据孩子的真实状况选择偏高、一般、偏低三个选项。（注：该问卷针对 6~12 岁孩子的父母）

1. 孩子会自己整理书包，准备上学用具。

2. 受到挫折的时候，不会向父母发泄。

3. 看到某些想要的东西，如果父母不给买，孩子就会放弃。

4. 孩子在找人借东西之前，都会向物主说一声。

5. 遇到什么困难都不会抱怨别人，并且希望下次做得更好。

6. 会关心其他的家庭成员。

7. 愿意与客人分享自己的食品和玩具。

8. 无论是看电视的时间，还是上床睡觉的时间，都有规律可循。

9. 需要做决定时，知道自己要什么，不会不知所措。

10. 做家务劳动的时候尽职尽责。

11. 能够清楚地表达自己的想法。

12. 遇到问题首先想到自己解决，不会马上让父母协助。

13. 见到别人会很自然地打招呼。

14. 善于反省自己的问题。

15. 不会乱发脾气，生气有原因。

16. 能够欣赏别人的优点，而不是嫉妒。

17. 对父母的付出懂得表达感谢。

18. 家里家外一个样。

19. 能适当支配自己的零用钱。

20. 总是喜欢自己、欣赏自己，对自己很有信心。

21. 容易亲近，善于与人合作。

22. 喜欢动手帮忙做家事，不懒散。

23. 在环境及外部条件恶劣的情况下，依然做好自己该做的事。

24. 不会和人比较物质条件。

评分标准：

偏高得2分，一般得1分，偏低得0分。答完24题之后，累计总得分。

测试结果：

37分以上：你不是特别宠爱孩子，你的孩子已具备很好的社交能力，能应付这个繁杂的社会。

25~36分：你有一点宠爱孩子，现在你要帮助他建立他较欠缺的与人交往的能力。

12~24分：你很宠爱孩子，有时过度保护，有时又太放任，这样会阻碍他发展相关能力的意愿与标准。

11分以下：你已经过度宠爱孩子，阻碍他很多能力的建立，不可以再宠他了。

父母对孩子溺爱，受伤最大的是孩子。溺爱的危害首先在于这样的孩子比较缺乏同理心。因为孩子可能从来没有被父母呵斥过，也就无法准确体会别人的情绪和需要。被溺爱的孩子也容易没有自信，因为父母为他做好了一切，他还会做什么呢？被溺爱的孩子其表达能力或多或少都会有所欠缺，因为在他表达出来之前，父母都已经为他做好了。

那么，父母应怎样正确地向孩子表达爱意呢？美国宾夕法尼亚大学莫尔学院的哈利亚特博士认为：家长应该给自己准备一份自我检查表，经常对照检查，检查的内容有：

（1）告诉孩子“我爱你”。

（2）通过温和的触觉传达对孩子的爱意。

（3）关心孩子的行踪。

（4）让孩子明确什么是对，什么是错。

（5）对孩子每一个小小的进步表示认可。

（6）向孩子询问对父母是否有意见。

（7）耐心地回答孩子提出的各种问题。

（8）交给孩子一些工作，让他懂得承担责任。

（9）让孩子对自己有足够的信心。

（10）尊重孩子的个性。

哈利亚特博士在进行研究的过程中，为家长总结出向孩子表达爱的三条途径：

第一，每天有固定的时间与孩子进行交流。可以是坐在地板上与孩子一起做游戏，可以是帮助孩子完成学习计划，可以是与孩子一起欣赏电影。

第二，用和蔼的语言让孩子感觉到被认同。当孩子向父母表达一种感受的时候，父母应该是以同样的心情回应他。

第三，帮助孩子正确表达自己的情绪。家长可以限制孩子的行为，但是要让孩子充分地表达自己的情绪。教给他正确表达情绪的方法，并不是单纯靠哭闹就可以解决问题。

按照这三条建议做，相信家长对孩子的溺爱行为能得到较好的纠正。

增强孩子的羞耻心

家长常常抱怨自己的孩子对于新买的玩具不懂得爱惜，到处乱抛，新鲜劲一过，又吵着买新玩具；不懂得尊敬长辈，没大没小，好东西抢着自己先享受等。

我们是否想过孩子的这些行为习惯是怎么形成的？作为孩子第一任老师的父母有没有责任？成人在生活中有没有奢侈浪费的行为？父母对老人是否尊敬，是否尽了孝道？我们敢当着孩子的面说我们的言行是问心无愧的吗？如果一个孩子有很好的辨别是非的能力，知道什么是应该做的，什么是不应该做的，相信以上的行为他绝对不会出现。

有一个小男孩从小听妈妈给他讲古代的德育故事。他4岁的时候，有一次妈妈把他抱了出去，在路上看到有两个小朋友在吵架，这个4岁的小男孩很自然地拉拉妈妈的胳膊，对妈妈说："这个小朋友，不可以乱骂人、乱打人。"一个4岁的孩子，没有任何为人处世的经验，他怎么这样果断地做出自己的结论呢？说到根本处：妈妈平时教给他的是什么，他自然就会懂得。这样的孩子相信长大之后也不会在人生的路上走偏，因为他在幼年时代就已经树立了明确的是非观和荣辱观。

父母与子女朝夕相处，父母的一言一行、一举一动都会在孩子的心灵深处埋下种子，对孩子的未来产生重大而深远的影响。孩子的思想观念、政治信仰、行为习惯、兴趣爱好都会或多或少带上家庭的烙印。“孩子是父母的影子”这句话不无道理。历来出身书香门第的孩子自幼就养成勤奋好学的习惯；武术高手的子女自幼就能学一身高超的武艺，就是两个例证。相反，一个家长自己就有酗酒、赌博、小偷小摸、不讲社会公德等恶习，也很难培养出子女的良好习惯和高尚情操来。

还有的家长，自身缺少公德，经常出入灯红酒绿、纸醉金迷场所，吃喝嫖赌无所不能，偷鸡摸狗，无所不为。特别是在家庭中，如果一天到晚经常吃喝玩乐，打牌、搓麻将、赌博，甚至吸毒等，对孩子的纯洁心灵会造成极大的创伤。

通过榜样的树立，使孩子有赖以学习和模仿的对象。在确立榜样时应该注意以下几点：

1. 树立生动具体的形象

因为生动具体的形象在整个孩子性格培养工作上的作用是十分重要的。列宁是伟大的无产阶级革命家。一位学生参观过列宁的故居后谈到，只有当我在高尔克看到列宁的故居时，我才知道真正的朴素是个什么样子：在他房里只有一张普通的饭桌，桌上摆着一个盖着普通灰色漆布的、稍显陈旧的、已坏了的茶杯，挂衣架上挂着一件普通的制服。无疑，这对这位学生今后形成朴素的性格特征有重要的意义。

2. 让孩子以身边的、同龄的人为榜样

这样可以减少孩子与榜样之间的距离感，便于学习。比如现在有一些小学生缺乏勤俭节约的品质，他们根本不理会父母挣钱的艰辛，花起钱来大手大脚，请客，下馆子，追求穿名牌，骑好车……针对这种问题可以让他们了解全国十佳少先队员杜瑶瑶的事迹，学习她是如何勤俭节约的：

杜瑶瑶的父亲去世后，母亲也病倒了。她每个月只有100元左右的生活费维持母女两个人的生活，一分钱也要掂量着花。由于经常到菜市场去买菜，她对菜价很清楚，并了解到菜价在傍晚最便宜。所以，她傍晚去买菜，多走几家市场，哪家便宜就买哪家的，绝不多花一分钱。

母亲吃剩下的菜她从不扔掉，而是用热水烫一烫后自己吃。母亲食欲不好，剩下的馒头渣一块一块的，别人都劝她扔掉，瑶瑶却舍不得，哪怕一点点。她说："生活让我懂得了什么叫来之不易，今后日子不管多富，我也永远把省吃俭用的好习惯保持下去。"

年龄小，是非判断标准还很模糊，他们主要是按自己喜爱和厌恶的情绪来判断人物和事物的是与非。家长在生活中要耐心地正面诱导、纠正，使孩子通过成人对其行为、言语的评价，逐步认识到自己行为的是非，从而提高分辨是非的能力。如孩子听见某些人说了脏话，于是就跟着学，这时父母需要解释清楚，这句话是骂人的话，不好听，不文明，不要学说等。这样屡经教导，孩子便不致因从众心理而仿学不良行为，进而形成良好的个性品质。

告诉孩子坦然面对竞争

细心的家长都会发现：“奥特曼”是孩子们特别是男孩心目中的英雄，他为了世界和平同怪兽作战，拯救了人类一次又一次。孩子们喜欢奥特曼更是到了入迷的地步。他们会让家长给他们买奥特曼的图书、奥特曼的 VCD、奥特曼的模型；他们还常常模仿奥特曼的语言和动作；有时，他们还会发扬“奥特曼”精神，和马路旁欺负小花狗的大狗做斗争……

从孩子们对奥特曼的崇拜，我们可以看出男孩的英雄主义情结。每个男孩的内心都想成为英雄或身披闪亮盔甲的武士。因此，我们发现，打群架的永远是男孩，为朋友两肋插刀的也大多是男孩，他们做事莽撞，喜欢什么事情都一马当先。这是男孩一种本能的反应。正像大部分男性都是足球迷一样，在他们眼中，那不是绿茵场，而是一次战争、一次搏杀，他们喜欢研究战略战术，欣赏球技而不是球星，天性中好斗的成分决定了男人是天生的球迷。

从发展心理学的角度看，儿童的“战争”观念和成人的“战争”观念不同，前者是一种游戏行为，而不是成年人心目中的道德行为。美国心理学家丹尼鲁·庞斯认为：儿童之间的“战争”游戏应该说是正常的，有助于儿童建立社会正义感。

可是，他们还处于人生观的形成阶段，容易把英雄主义和暴力主义相混淆，这时候就需要我们家长的帮助了。

我们家长应该怎样帮助孩子区分暴力主义和英雄主义呢?

方法一：满足孩子当英雄的心理；

方法二：让孩子知道什么是真正的英雄；

方法三：利用孩子心目中的英雄改正孩子的缺点。

具体来说，我们应该这么做：

第一，让孩子知道，英雄主义不是暴力主义。要让他明白这个道理，爸爸自己本身首先要做到从不使用暴力，不要向孩子灌输什么"以暴制暴"的观念。生活中，常有一些家长告诫孩子：在外面受人欺负时，一定要懂得还击，使劲打，往狠里打，打坏了，流血了，有大人呢！只要在外面不受欺负就行。这样的训诫古往今来，屡见不鲜。然而，这样一来，暴力思想就从小在孩子的心中扎根了。

第二，要让孩子认识到暴力不是勇敢，你要告诉孩子爸爸不用暴力手段反击某人并不是因为怯懦，而是因为暴力并不能真正解决问题，并让孩子预见使用暴力可能造成的严重后果。你可以让孩子想象，今天你因为被小朋友打了一下，明天就一定要爸爸去帮你打还他，那么后天呢?

第三，你应该告诉孩子一些正确的解决问题的途径。男孩子一般很不喜欢使用"告诉老师"这类有点女性化的方式，那么你可以教孩子一些"男人之间的方式"，比如用眼神来瞪住对方，或者用正义的言语来说服对方等，要让孩子信服只有采用文明的手段才能让矛盾真正得到完美的解决。

我们很难给领导能力下定义，灵活的头脑、果断的思维、英明的远见、宏伟的抱负等都是其良好的素质。领导能力，不只是现任的领导者才应具备的能力，也是每个将来需要进入社会工作的人都应当具备的能力。因为现代社会生活有越来越多的群体活动和团队项目。在这个过程中，每个人都可以学习并检验自己领会新事物、驾驭人际关系的能力。掌握一些领导技巧可以为走入社会做好准备，为事业的成功赢得时机。

有一个著名的古代寓言：春秋时，一位晋国人想到南方的楚国去，他的马够快，车够结实，带的粮食也够多。可惜，他的方向错了，南辕北辙，结果愈行愈远。

拿破仑说："不想当将军的士兵不是好士兵。"

没有天生的领导者，只有后天造就出来的领导者。从进入人类社会以来，具备领导能力的人就一直受益匪浅。父母如果在孩子小的时候就开始有意识地培养其领导才能，并且让他主动地在平常生活中表现出来，那么会大大增加孩子将来成功的可能。

因此，作为现代的父母要培养孩子具有领导的品质。我们给父母的建议是：

1. 教孩子正确评价自我

曾子曰："吾日三省吾身。"贤人尚且如此，杰出的领导也是在不断地自我剖析、不断地自我否认、不断地自我肯定中成长起来的。因此家长应该引导孩子在日常生活中正确地认识自己，塑造健康良好的自我形象，接受自我，肯定自我，找出不足，更快地进步。

2. 培养孩子灵活应变的处事能力

"君子修德求仁，有道有节"，要求人们要遵守一些道德规律，但是这并不是说只会迂腐地死心塌地遵守各种有关的仁德教条，而是要对于虚伪假冒勇于质疑，要懂得因时因势而变，灵活地实现某种理想和目标。家长教育孩子的时候要懂得让孩子从实际出发，把学到的经验运用到生活中，灵活地处理应急事件。

3. 培养孩子积极向他人学习的品质

子曰："见贤思齐焉，见不贤而内自省也。"在生活中，有一些人对比自己能力强的人所持的心态是妒忌，而对比自己水平差的人加以鄙视和嘲笑。而那些具有领导才能的人总是会向比自己强的人虚心学习，使自己尽快达到对方的水平；见了有毛病的人，则会对照对方来反观自己，看看自己是不是也有这方面不良的现象，有则改之，无则加勉，这才是能够切实提高自己修养的有效途径。

不要让孩子心存依赖

法兰西帝国的缔造者拿破仑很喜欢打猎，他常常独自一个人到山里寻找各种有趣的动物。他的聪明才智再加上高超的打猎技巧，基本上每次都是满载而归。

有一次，拿破仑像平常一样又外出打猎，他奔跑了整整一个上午，口干舌燥，疲惫不堪，于是就到附近一条小河边去喝水。他走到小河边的时候，刚好看到一个不小心落水的男孩正在拼命地挣扎。那个小男孩一边挣扎，一边朝拿破仑高呼救命。

拿破仑看了看这条小河，河面并不宽，也不深，孩子完全没有危险，完全可以凭自己的力量爬出来，是他自己吓坏了，以为河水会把他淹死。拿破仑心想：这是教育自己的子民成长的好时机。于是，他不但没有跳水救人，反而端起猎枪，对准水里的男孩，大声喊道："听着，孩子，你如果不自己奋力爬上来，我就把你打死在水中。"

小男孩听了又是惊又是怕，自己已经被淹个半死了，好不容易上帝派来了一个救命者，竟然要开枪打死他！可是看看那个人严肃认真的模样，男孩知道向他求救是无济于事了，反而增添了一层危险，因为不知道那个人什么时候会对自己开枪。

于是，惊慌害怕的男孩一边流泪一边拼命地划动手脚，心里还在大声地哭喊："上帝啊，你给我派了一个什么样的救命人啊？"

小男孩拼命挣扎了一番后，终于游上了岸。他抽泣着问拿破仑："上帝不是派你来救我的吗？为什么你不肯向我伸出援助之手，还要向我开枪？"

拿破仑笑了："我的孩子，我没有救你，你不是也没被河水淹死吗？回头看看那条小河，它并没有你想象得那么可怕。记住，孩子，任何时候都要靠自己，不要指望别人。因为自己的能耐可以救你一生，别人的能耐却只能救你一时。"

男孩听了，懂事地点了点头。

故事里的小男孩在拿破仑的"刺激"之下，放弃了依赖别人来救他的心理，凭着自己的力量游上了岸。依赖别人，意味着放弃对自我的主宰，这样往往不能形成自己独立的人格。很多时候，这个世界能救我们的只有我们自己。过度依赖他人往往会害了自己，你才是自己的依靠和归宿。

依赖心理是青少年在日常生活中较为常见的一种心理表现，

主要表现在自立、自信、自主方面发展不成熟，经常需要他人的帮助和指导，遇事往往犹豫不决、缺乏自信，很难单独进行自己的计划或做自己的事，总是依赖他人为自己做出决策或指出方向。

依赖心理是一种消极的心理状态，会影响青少年的健康成长，不利于我们人格的完善和发展。如果你是个依赖性比较强的孩子，那么从现在起，就试着去克服一下这个弱点，帮助自己成长为一个独立的人。

首先，要愉快地接纳自己。很多时候较强的依赖心理来源于对自我能力的否定。有些同学常常觉得自己这也不行，那也做不好，认为只有他人能够帮自己解决所面对的难题，久而久之就养成了事事求人的心态。其实生活中的每一个人都有优点，也都有弱点。有的人发现了自己的缺点和缺陷，就当成包袱背起来，老是压在心头，连自己的优点和长处也看不到了。于是，自己的精神优势被自身的弱点与缺陷所压垮，为自己的心灵设置了障碍。事实上，许多事情别人能做到，我们也一定能做到，关键在于学会接纳自己，合理评估个人能力，充分、准确、客观地认识自己。

同时，对生活中遇到的事情要有自己的见解。作为还未成年的我们，对大事可征求他人的意见。但必须把握一点，不能事事都依赖别人的指挥，他人的意见仅供参考，最终还是要学会自己做出决定。一旦我们在思想上变得独立起来，从对他人的依赖关系中解脱出来，自己就会有一种踏实的感觉，从而感到自信的力量，享受自主、自立给自己带来的好处，那么，依赖心理也就无立足之地了。

教孩子学会抵制诱惑

每个人都会面对诱惑。成功的人之所以成功，就是因为他们能够约束和克制自己的冲动。家长培养孩子抵制诱惑的能力就格外的重要。

一个人的成功，最大的障碍往往不是在外界，而是在于自己的内心。一个能够获得成功的人通常都具备顽强的精神和胜于常人的自控心理。增强孩子的自控能力，可以帮助他们抵御外界的种种诱惑，保持心灵上的坚定和纯洁，更加有利于他们朝着心中的目标努力。

1960 年，美国的心理学家米卡尔曾做过一个“果汁软糖”的试验：他将一群 4 岁的孩子留在房间里，每人都发了一块糖果，然后告诉他们：“我有事要出去一会儿，你们可以马上吃掉软糖，但如果谁能够坚持到我回来之后再吃糖果，我会再奖励他两块。”说完之后，米卡尔就走了出去。实际上，他在暗中观察这些孩子的表现。

有的孩子会很急躁，看到米卡尔走了之后就迫不及待地吃掉糖果。而有的孩子就等到了最后。尽管对这些孩子来说等待的时间非常漫长，但是他们会想尽各种办法让自己撑下去。有的孩子闭上眼睛，避免看到那块诱人的糖果；有的孩子努力想让自己睡过去。

20 分钟之后，米卡尔回来了，他奖励了这些能够坚持到最后的孩子。这次实验并没有结束，米卡尔又对这些孩子进行了长达14年的追踪调查。

最后，米卡尔把自己的调研结果公之于众，发现：自制力不同的孩子在情绪和社交方面的差异表现非常明显。在那次实验中抵制住诱惑的孩子将来长大之后对社会的适应能力较强，较为自信，人际关系也更好，能够更加从容地面对挫折。而那些不太能抵制诱惑、较为冲动的孩子则缺乏这些好的特质，并且表现出了一些负面特征，他们不太愿意与人接触，性格优柔寡断，容易因为挫折而丧失斗志，容易对人产生不满甚至是与人争斗。

面对如今眼前这样一个信息多变、文化多元、物质极大丰富的现代社会，孩子们早已经是眼花缭乱了。他们对周围的一切充满了好奇，任何的诱惑都可能使他们沉迷其中。再就是由于孩子面临着沉重的学业负担，厌学情绪强烈，使得电脑、电视等成了孩子的避难所。如何让孩子拒绝诱惑、抵制诱惑，是每个家长都关心的问题。

要想让孩子学会抵制诱惑，首先家长要学会反思。当孩子出现了问题，家长可以先反思自己。很多父母将大部分的时间都用于工作、家务和娱乐，很少花时间和儿子耐心地沟通。当孩子的精神需求得不到满足，他自然就会寻求替代品，于是电视、电脑成了孩子的精神麻醉剂。有的家长自己不和儿子交流，也不鼓励孩子多交朋友。孩子的充沛精力得不到发泄，就会被各种诱惑吸引，一不留神就会掉进诱惑的陷阱。所以，家长也要反思一下自己在平时是否考虑到了孩子的感受，给予他们足够的精神满足。

高尔基说："哪怕是对自己的一点小小的克制，也会使人变得强而有力。"德国诗人歌德说："谁若游戏人生，他就一事无成，不能主宰自己，永远是一个奴隶。"一个人要想成为能够主宰自己命运的强者，成就一番事业，就必须对自己有所约束、有所克制。因此，对孩子的自控教育是家庭教育必不可少的内容之一。

但是人的自制能力和自我管理能力并不是天生的，它和人的其他能力一样，都是后天开发出来的，每个人的自我管理能力都是可以不断提高的。尤其是孩子，他们的自控能力在日常生活中会逐渐提高。作为父母要有意识地提高男孩的自控力，专家给出了以下几点建议：

第一，告诉孩子要对自己多分析，找出自己在哪些活动中、何种环境中自制力差，然后拟出培养自制力的目标步骤，有针对性地培养自己的自制力；对自己的欲望进行剖析，扬善去恶，抑制自己的某些不正当的欲望。

第二，从日常生活小事做起。人的自制力是在学习、生活、工作中的千百万小事中培养锻炼起来的。许多事情虽然微不足道，但却影响到一个人自制力的形成。如早上按时起床、严格遵守各种制度、按时完成学习计划等，都可积小成大，锻炼自己的自制力。

第三，进行暗示和激励。自制力在很大程度上就表现在自我暗示和激励等意念控制上。意念控制的方法有：在孩子开始紧张的活动之前，反复默念一些建立信心、给人以力量的话，或随身携带座右铭，时时提醒、激励自己；在面临困境或诱惑时，利用口头命令，如"要沉着、冷静"，以调整自身的心理活动，获得精神力量。

第四，要孩子经常进行自省。如当他们学习时忍不住想看电视时，马上警告自己管住自己；当遇到困难想退缩时，马上警告自己别懦弱。这样往往会唤起自尊，战胜怯懦，成功地控制自己。

第3章

控制情绪，在气头上试着冷处理

命令只会让孩子反感

“琳琳，你怎么磨磨蹭蹭地不肯起床啊，你必须赶快起床了，否则我们两个都得迟到，我可没有时间等你。快点！”

“快点，马上把牛奶喝了，然后背上书包，咱们马上出发。”

“琳琳，快点去帮妈妈倒杯水。然后，帮妈妈拿张椅子过来。你还在干什么，妈妈的话没听到啊，快点。”

“都放学这么久了还不写作业，快去先完成作业，做完之后才能出去玩。”

琳琳的妈妈是一个家长制意识比较浓厚的母亲，只要她在家，每天都会对琳琳发号施令，她认为对孩子的教育应该从小抓起，任何时候都不能松懈，所以在平时应该体现出威严。正因如此，妈妈经常以命令的口吻对琳琳说话，最常说的就是你必须马上去做、你绝不能这样做等，殊不知，对于她的这种说话方式，琳琳已经非常反感了，她讨厌母亲总用这种命令的方式让她办事，为此经常表现出反感和叛逆的情绪，总喜欢跟妈妈对着干。

现实生活中像琳琳妈妈一样的父母并不少见，这些父母喜欢根据自己的意愿安排孩子的行动，动辄发号施令或是斥责孩子，这是非常不好的。孩子虽然还小，但也有着自己的独立思想和感情，他们更希望按照自己的意愿办事。在他们看来，父母命令式的说话方式，不仅是家长权威的流露，也是双方地位不平等的表现。

所以，在家庭中，父母发号施令的说话方式不仅无法令孩子信服，还很容易激起孩子的叛逆情绪。当面对家长的命令时，孩子有时候会不得已而去执行，但更多的时候则会表现出反感和反抗的情绪。因此，家长如果想让孩子愉快地接受自己的教育，或者让孩子帮忙做一些力所能及的事情，应该避免对孩子发号施令。

火火是个十分爱睡懒觉的学生，每天早上闹钟响了好几遍了他仍然不愿意起床，妈妈因为担心他上学迟到而不得不一次又一次地到他的房间催促他。

“火火，快点起床了，你的闹钟已经响了，还不起来今天又要迟到了。”

“火火，怎么还不起来啊，你看都几点了，你必须马上起来了。”

“嗯，马上。”见妈妈已经叫了好几遍，火火只得答应道，可说完之后，他按掉闹钟，仍然赖在床上不愿意起来。

火火的妈妈见到这状况，禁不住大发雷霆：“你必须马上起来了，马上穿衣服，然后去洗脸刷牙，之后再把桌上的牛奶喝了，必须马上这样做，快点！”

可能父母会觉得，对孩子发号施令是父母的权利，命令孩子做事情也是理所当然。但是，孩子终有一天是要长大的，当他们有了独立自主的意识，就会对父母命令的口气感到很反感，认为父母不尊重自己，也就不愿意听从父母的话。有的父母为了维护自己的面子，更喜欢强迫孩子做某些事情，这样的话，孩子与父母之间会产生对抗，进而影响良好的亲子关系。

教育孩子是要讲究技巧的，而要孩子乖乖听话、服从教育，更需要父母运用智慧，具体来说，在家庭教育中，有一些智慧是父母必须努力掌握的。

首先，在生活中，家长如果要求孩子做某事或者快点行动时，可以试着改变命令式的口吻，而改用商量的口气。因为不管在什么条件下，命令都是不平等的，而商量的口气则会让孩子感受到平等和尊重，才更有利于拉近父母与孩子间的距离，只有这样，孩子才更容易接受父母的教导，按照父母的要求办事。

其次，父母在避免发号施令的同时还可以采取一些灵活的说话方式来增强教育和说话的效果，如父母在要求孩子办事情的时候可以通过讲道理、表扬、鼓励等方式让孩子体会到行动的价值；父母在希望孩子立即行动时可以采用激将法、游戏比赛的方式来激励孩子的行为等。

我们可以改变与孩子沟通的方式，不用命令的口气和孩子说话，多从孩子的角度去思考问题，多听取孩子的意见，并且让孩子平等地参与到事情的决策之中，这样的孩子就会易于接受父母的观点，愿意按照父母的意愿做事情。

孩子控制不住脾气怎么办

李医生夫妇最近被儿子的坏脾气折磨得头疼。儿子奇奇7岁，才上小学二年级，却脾气暴躁得厉害，稍不如意就大发雷霆、大喊大叫。即使是跟他讲道理，他也听不进去，如果父母不按照他说的去做的话，他就一直吵闹、哭喊、在地上打滚，手里有什么东西都会顺手扔出去。

为此，李医生夫妇想尽了办法，他们打他，苦口婆心地教诲他，罚他站墙角，责骂他，呵斥他……这些都不管用，一有事情奇奇还是会大发雷霆，暴躁脾气依然如故。

这天，奇奇看到邻居家小朋友拿着一个变形金刚，觉得很好玩，就跟那个小朋友一起玩了起来，两个人玩得很开心。很快，吃晚饭的时间到了，那个小朋友被他妈妈叫回家，奇奇也只好依依不舍地回家了。

回到家里，奇奇就跟妈妈讲："妈妈，你给我买个变形金刚吧。"

"你的玩具箱里不是已经有两个了吗？"妈妈很奇怪。

"我想要小朋友那样的。"

"那等明天爸爸出差回来了带你去买吧。"

"我不！我现在就要！"奇奇的愿望没有得到满足，大声喊了起来。

"你这孩子，我晚上还得去值夜班呢，哪有时间去给你买啊。来，奇奇乖，咱们吃饭了。""我不吃，我就要变形金刚。"奇奇的倔脾气又上来了。

"快点吃饭！吃完了我要去上班！"妈妈生气了，说话的语气重了点。

"砰——"令妈妈没有料到的是，奇奇竟然把饭桌上的一碗米饭推到了桌子下，碗的碎片和米饭撒了一地。

妈妈很生气，拉过齐齐，狠狠地朝他的屁股上打了两巴掌。这下，可是捅了马蜂窝，奇奇躺在地上哇哇大哭起来。

妈妈又着急又生气，眼看着上班时间就快到了，可奇奇还躺在地上撒泼，她不知如何是好了。

“现在的孩子真是越来越难管了！”有不少妈妈抱怨说，“稍不如意，牛脾气就上来了。打也不听、骂也不灵，哄他吧，他还更来劲！”

心理学家认为，孩子爱发脾气是由于家庭教育不当引起的。特别是独生子女，如果从小家人就事事以他为中心，孩子要什么就给什么，久而久之，孩子就会养成遇事爱发脾气的习惯。比如，他想要一个玩具，而妈妈不想买给他，他就会大哭大闹，此时，妈妈既想管教，又怕孩子受到委屈，结果可能就会对孩子“俯首称臣”。这样反而会让孩子形成一种错觉：只要我大哭大闹，他们就会让步，我的愿望就能实现。如此下去，就会形成恶性循环，孩子逐渐就养成了乱发脾气的坏习惯。

此外，有的孩子乱发脾气，可能是从父母那里学来的。父母是孩子最早的启蒙老师，父母日常所表现出来的好品质，孩子会受到潜移默化的影响，但是，一些父母却没有给孩子做好示范，有的父母遇到不顺心的事情，常常会大发雷霆，甚至还会将怒气撒到孩子身上。这种行为模式往往会被还缺乏辨别能力的孩子加以效仿，于是孩子就会翻版父母的处事方式，遇到问题或困难时，也会大发雷霆。

所有父母都不希望自己的孩子是一个随意发脾气的孩子，可事实上发脾气是孩子成长过程中的必经之路，如果引导得不好，孩子就会像奇奇一样，养成乱发脾气的习惯，变成一个暴躁的孩子。

孩子发脾气就向他屈服是最不可取的教育态度和教子方法。当孩子乱发脾气时，父母要保持冷静，对孩子的不合理要求绝不迁就，始终要让孩子明白，无论他怎么发脾气，父母都不会“俯首称臣”，他始终都达不到自己的目的。当孩子已经“雷霆万钧”时，不妨运用冷淡计，父母及其亲人都不去理会他。事后，再当着孩子的面，分析一下他发脾气的原因，细心地引导、教育孩子，相信孩子会从一次错误的行为中吸取教训。

专家认为，父母在阻止孩子坏脾气发作的时候，既不能采取过于强硬的态度，也不能采取过于软弱的态度。最好能够迅速而果断地将孩子的注意力转移到其他方面，以缓和紧张的局势。也就是说，当孩子正处于发脾气中的时刻，父母不要一心只想到训斥孩子，因为孩子这时是听不进去的；也不要强迫孩子或者用武力威胁孩子马上停止发脾气。最简便的方法就是运用冷处理法把他撇下不管，让他一个人去发泄，去自我克服、自我平息。这样坚持一段时间后，孩子就会渐渐改正乱发脾气的习惯，因为他知道这样做是什么也得不到的。

训斥应该避开众人，在私下里进行

有不少人可能在大街上看到过这样的场景：一个在前面的“暴走”家长和一个在后面哭闹的孩子，家长不停地训斥，孩子不停地哭。

英国教育家洛克有一句名言：“父母不宣扬子女的过错，则子女对自己的名誉就愈看重，他们觉得自己是有名誉的人，因而会更小心地维护别人对自己的好评；若是当众宣布他们的过失，使其无地自容，他们愈会觉得自己的名誉已经受到了打击，设法维护别人对自己好评的心思也就愈淡薄。”

很多家长很少注意照顾孩子的自尊心，相反，还有一些家长认为，在大庭广众之下教训孩子，可以让孩子加深印象，这样可以避免以后重犯类似的错误。

实际上，当众教育孩子不但会使亲子之间的矛盾公开，而且还会招来周围人的侧目、围观。最为重要的一点，这会给孩子的心灵带来极大的伤害。科学调查显示，那些经常在大庭广众之下被父母训斥的孩子长大以后比其他孩子更容易产生自卑心理，也更容易走上犯罪的道路。

我们都希望别人认可和欣赏自己，这是人的本性，孩子也一样。对于那些自尊心极强的孩子而言，父母当众训斥自己，简直是一种莫大的侮辱，难以接受。

刘洋已经12岁了，但是性格内向，不太爱说话，很少和同学交流，平时学习成绩在班里也只能算是中等。

有一次，刘洋的妈妈到学校开家长会，老师告诉她，刘洋的成绩最近有些退步。结果还没等老师说完，刘洋的妈妈就大声呵斥起了刘洋：“怎么成绩又退步了，不是回到家一直在看书吗？你怎么就这么笨呢？你说我养你有什么用？”刘洋的同学窃窃私语，刘洋拉了一下妈妈的衣服。

“怎么，还怕人说呀，怕人说你就好好学呀。”刘洋的妈妈还是一个劲地说着，结果刘洋没等妈妈说完，就跑出去了。

从那以后，刘洋变得更加内向，更加不愿意和同学交流，总觉得同学们在对他评头品足，觉得同学们都瞧不起她，学习成绩也是一落千丈。最糟糕的是，从那以后，刘洋开始对妈妈充满怨恨。

有些家长会觉得，在众人面前训斥一下孩子不是什么大不了的事情。但是对孩子来说，这却是天大的事情。他们会很长一段时间处于担心和害怕中，害怕同学们从此用一种异样的眼光看自己，担心自己在同学面前抬不起头。就在这种担心和害怕中，孩子会变得敏感多疑。

还有一些家长，当孩子在公共场合哭闹、提要求时会觉得很没面子，一时心情急躁就会训斥孩子。可事实是，这样不仅没有维护到家长的面子，有时还会适得其反。建议家长能够平静地和孩子沟通，简单说出自己拒绝的理由。实际上，无论多大的孩子都能够明白家长拒绝的话语，家长只需要耐心地告诉孩子就可以了。

绝情的话千万不能说

我们总是很容易在生气的时候说一些绝情的话，虽然事后感觉很后悔，可是无奈话已出口，即使道歉，说这并不是自己的真心话，也总是难免给听话的人心里留下阴影。

父母在教育孩子的过程中，也有可能出现这种时候，一时生气，脱口而出，对孩子说一些类似于“滚出这个家”等伤害孩子心灵的话，而大多数的时候，父母也不会因此去向孩子道歉，于是就给孩子留下了可怕的阴影，造成了不少悲剧。

期末成绩出来了，晓红这学期成绩下降了很多，妈妈很生气，狠狠地对她说："你还好意思拿着成绩单回来啊！叫你少看点电视你不听，现在成绩这么差，你好受了吧？"

"我又不是故意考不好的，我是……"

"你当然不是故意的啊，你就是现在成绩不好，才考得差的，别找什么借口了！"孩子话还在嘴边，妈妈就打断了她的话。

"你就是从来都不相信我，故意误解我的意思，你就是对我不好！"

"你说什么？你这孩子怎么这样了？我让你吃好的穿好的，花那么多钱供你上学，你居然说我对你不好，你还有没有良心啊？"

"本来就是，你从来都不关心我心里想什么，总是这样骂我，谁家的妈妈这样啊？"

"好啊，那你去找别的妈妈啊，你滚吧，想去哪里就去哪里，快点滚！"

晓红生气极了，当真跑了出去，在街头流浪了两天，直到爸爸妈妈找到她，把她带回家。

生活中，孩子离家出走的事件屡有发生。许多情况下，孩子是被父母的话逼出家门的。"你滚吧，想去哪里去哪里"这句气话有惊人的杀伤力，往往把孩子逼出家门，而且在心里留下永久的伤痕。

其实，当家长说出这句最后通牒式的话来，无非是想逼迫孩子就范，或者是想以它来结束这场口舌之争，并没有把话当真，甚至事后会非常后悔自己说出了这样的话。然而这会让孩子认为家长一点也不在乎自己，随随便便让自己走就是因为自己一点也不重要，所以，不少任性要强的孩子，因为忍受不了家长的嘲弄而离家出走。他们当然不想离家出走，可一旦就此低头，便会显出自己的软弱，就这样屈辱地留在家里，还有什么自尊可言？所以，他当然要逞一回英雄，就这样真的离家出走了。就算孩子没有出走，也会在心里一直记得这个伤痛。

有一次，聪聪妈正在和孩子说说笑笑，两个人你一言我一句，一边说一边笑。聪聪妈说到兴头上，来了句："我的乖宝宝啊，你怎么一下子长这么大啊，你要还是个小娃该多好玩啊。要不妈妈拿你去换个小娃娃吧。"这么说不要紧，没想到聪聪听了之后，睁大了惊恐的眼睛看妈妈，接着就开始哇哇大哭起来，眼泪就像开闸的水一样涌出来，一发不可收拾。聪聪妈这才意识到问题严重了。本来嘛，自己说把孩子换出去，在孩子看来就是妈妈不喜欢他呀。

总之，绝情的话不能说，不管是生气还是开玩笑，这会让孩子感受到深深的伤害，而且也不能解决任何实际的问题，如果说得太绝情，甚至会切断父母与孩子之间的感情。

"打是亲，骂是爱"是最大的谎言

王洋的爸爸脾气有些暴躁，在教育儿子的时候没什么耐心，动不动就会对孩子大吼大叫，但是王洋并没有因此而服从爸爸的管教，反而变得十分叛逆。有一次，王洋又因为在考试中数学成绩很不理想而遭到了爸爸的训斥和教训。

“爸爸，老师说家长也不能随便打人！”在挨打之后，王洋不满地说。

“谁让你不好好学习，不好好表现呢？考试不好就要挨打！”爸爸大声地吼道。

“你这样做是不对的！”王洋有些气愤地说。

“你是我儿子，我就得好好管你！打是亲，骂是爱，我这样做还不是为了你好！别人我还懒得管呢！”

“我不用你管，你越是这样，我就越不听你的！”王洋边说边哭着跑出了家门。

“打是亲，骂是爱”是中国不少家长信奉的教育理念，而且在现实中，不少父母也都是按照这样的理念去教育孩子的。他们信奉“棍棒底下出孝子”，在教育孩子的时候喜欢训斥和打骂，希望孩子记住“前车之鉴”，王洋爸爸就是这样。

可事实上，这种教育方式收效甚微，多数孩子并不会因为父母的打骂而意识到自己的错误，改正不良行为，反而会因此对父母产生不满情绪。很多父母不以为然，总是觉得这是因为给孩子的教训太轻了，所以孩子才没有记住。

殊不知，这是因为孩子受到了“情绪判断优先定律”的影响。所谓“情绪判断优先定律”，是指当人们遇到问题时，通常会情绪先于理性，先处理情绪之后再处理事情。孩子的理智发展还不健全，几乎完全受到“情绪判断优先定律”的控制，当孩子对父母有不满情绪之后，通常会先记住当时的“恐惧”，而忘了对错误的判断与反省，同时还会因为父母的不理解和不尊重而厌恶父母。这就是很多孩子“屡教不改”的真实原因。

其实，仔细分析这种打骂教育，是存在着很大纰漏的。从表面上看，打骂可以使孩子暂时克制自己不正确的欲望和控制不正确的行为，但是，却并不能从根本上解决问题。弄不好还可能使孩子养成说谎的毛病，变得阳奉阴违。同时，打骂会侵犯孩子人格并扼杀孩子个性，还容易使孩子丧失自尊心，变得逆来顺受、畏首畏尾。虽然随着孩子年龄的增长，已看不见他们身体上挨打的伤痕，但他们的内心会仍然保留着幼年时挨打的痕迹，这些痕迹会造成孩子不自信、缺乏安全感等后遗症，对孩子的个性发展和人生发展都会产生消极影响。

《白鹿原》是陕西作家陈忠实一部家喻户晓的小说，他正是凭借这本小说获得了第四届茅盾文学奖。在这部小说里，他塑造了许多具有时代意义的鲜明的人物形象。其中，黑娃作为一个反面人物，让人印象深刻。

他是地主白嘉轩的管家鹿三的儿子，白嘉轩对这个管家的儿子十分爱护，要求严格，当他犯了错误时，就跟教育自己家的孩子一样，总是严厉地斥责并打骂，希望他由此改过。可是，多年以后，这个在白嘉轩打骂下成长起来的孩子做了土匪，回到村子以后，第一件事就是打断了白嘉轩的腰。

“我恨你从小就挺着腰板教训我。”黑娃对白嘉轩说道。

“那是你嘉轩叔爱你，恨铁不成钢！”鹿三哭着对儿子说。

可是，黑娃还是一枪杆子打断了白嘉轩的腰杆子。

无数事实证明，“打是亲，骂是爱”是最大的谎言，暴力教育从来就不会让孩子变得顺从，也不会让他变得聪明和懂事，可能还会招致对父母的怨恨。聪明的父母，在教育孩子的时候一定会懂得“先处理情绪，后处理事情”。他们会试着先体谅孩子的感情，宽容和安慰孩子，处理好他的情绪，使他处于良好的情绪状态下，然后再想办法教育和引导，也只有这样孩子才会信服和接受。

教育孩子只能说服，不能压服，只能用爱交换爱，用信任交换信任。打骂教育，是一种畸形的家庭教育方式，在现代的家庭中，应该避免出现。

“等我冷静一下再说”——愤怒时最好闭嘴

科学家通过实验表明，人和人沟通的效果，70%取决于谈话时的情绪，30%取决于谈话的内容。

据此，科学家建议人们，在谈话的时候，一定要调整好自己的情绪。因此，父母在教育自己的孩子时，也应该注意调整好自己的情绪，让孩子不必分心与情绪对抗，而是直接面对问题。

相反，用一种愤怒的情绪跟孩子去沟通，只会让孩子很反感，从而很容易与父母对着干。

教育名家成墨初在自己的畅销书《把话说到孩子心窝里》讲了这样一个案例：

有一位母亲打电话给成墨初老师，抱怨说：“我为了孩子，付出了一切，每天起早贪黑，任劳任怨，除了上班还要辛苦地照顾孩子的吃喝拉撒，还有学习。可是这孩子满身的缺点，我每次都大声地给他指出来让他改正，他根本不听，还跟我对着干，成老师，你帮帮我，怎么才能让孩子好好听进去我说的话呢？”

成老师给这位孩子的母亲的建议就是，当这位母亲看到孩子的缺点，愤怒地想指正出来时，一定要忍住，不要跟孩子说话。

结果，一个星期之后，孩子的母亲打电话过来告诉成墨初老师："孩子慢慢变得听话了，有一次他还问我'妈妈，你怎么不说话了？是不是我哪里做错了惹你生气了？我以后改就是了'，这真是让我高兴呀！"

很多父母在管教孩子，尤其是孩子犯了错误以后管教孩子时，总是怒气冲冲的，其实，这时候大多数的父母都只是在发泄自己的愤怒情绪，而很少去考虑孩子的感受，也很容易就说出一些伤害孩子的话。

这样的结果就是，父母伤了孩子的心，孩子也没有心情去听父母的说教，因此也不会接受父母的劝告和教导。

一位妈妈带着 13 岁的儿子去找一位教育专家。

"我们家孩子实在是太不让人省心了，我和他爸爸说他他总是听不进去，还跟我们甩脸子。老师，你说这孩子是怎么了？"

教育专家还没有张口回答问题，这个孩子倒是先插话了："你们每次说我，就像吃了枪药一样，怒气冲冲的，让人觉得很不舒服。而且，你们说话，从来都没有考虑过我的感受，这让我也很愤怒！"

妈妈这时候脸上也火辣辣的，教育专家立刻支开了儿子，悄悄对妈妈说了一句："下次，教育孩子的时候，如果觉得很愤怒，不妨先对孩子说一句，'让我冷静一下'，情况或许会好很多。"

要想让孩子听进父母的劝告，父母一定要学会在愤怒时闭嘴，对此专家给出了以下几点建议：

一，要学会控制自己的情绪，不要带着消极的情绪去教导孩子。带着消极的情绪去教育孩子，会给孩子一种好像自己是父母的出气筒的感觉，一旦孩子有了这种感觉，孩子的逆反心理就开始起作用。

二，当父母在教育孩子时出现了负面情绪时，尽量要做到离开孩子，借机让自己冷静一下，也可以管住自己的嘴巴，不说出伤害孩子的话。等到情绪平静了以后，再教导孩子，一般而言，这时候，父母的话会比较客观而且有效得多，孩子也容易接受。

三，学会转移自己的注意力。每个人在愤怒的时候都会表现得很固执，将注意力集中在一点上，紧抓住不放。可是也正是因为如此，人很容易陷入一种错误的观念中，增加自己的愤怒。

从前，孩子只要一犯错误，尤其是那些屡教不改的错误，我就会很生气，抓住这一点不放，越说越生气，孩子对此很是反感，也听不进我说的。

有一次，在训斥孩子的过程中，孩子实在是受不了了，夺门而出，留我自己一个人在屋里。我看着空空的房间，一直很生气，直到我的注意力被放在阳台上的花吸引，才从愤怒中走了出来。

从那以后，孩子犯了错误，在批评他之前，我总要先遏制自己的愤怒去阳台上看一会儿花，直到心情平复，才回去跟他讲道理。结果却发现，孩子也很容易接受我的批评，甚至表示愿意主动改正错误。

其实，我原来只是不想自己老生气，没想到还收到了意外的效果。

总之，如果父母想让对孩子的教导卓有成效，应该学会在自己愤怒的时候冷静一下，等到情绪平静了再去跟孩子沟通。

不要太介意孩子的“顶嘴”

有一位妈妈抱怨说：“最近我女儿特别爱顶嘴。比如，在从学校回家的路上，我们到一个公园去玩了一会儿。当我说‘咱们回家吧’，她不干，还会反问我：‘为什么我非要听你的，而你就不能听我的？’女儿特别喜欢小动物，总想养一只小狗，我不让，说小狗身上有细菌。但是她却说：‘你说得不对！电视里说过，小朋友和小动物多接触可以提高抵抗力。’每当这时候我都会很着急，但是又不知道该怎么对待孩子。”

有不少家长都有过这样的抱怨，随着孩子一天天长大，渐渐觉得孩子不如从前听话了，并且变得难管了，动不动就与家长顶嘴，家长说东，他偏说西，这令家长十分为难和恼火，真不知道到底该拿这孩子怎么办才好。

其实，家长也没有必要十分烦恼，只要找到孩子顶嘴的原因，一切都是很容易解决的。一般而言，孩子的顶嘴都是有原因的。随着年龄的增长，当孩子进入了青少年时期，他们具有一定的独立思考能力，从这时候起，他们不再愿意别人把他们当作小孩子来看待，也不愿意处于被照顾的从属地位，更不愿意一直处在被命令指派的位置。所以，家长们没有必要为孩子的顶嘴而生气恼火，不妨为此感到高兴，因为孩子开始顶嘴意味着他们有自己的想法了，有独立思考的能力了，这不正是家长所企盼的吗？

有的父母不愿意接受孩子开始顶嘴这个现实，大多数是由于受到千百年传统观念的影响，总觉得小孩子见识少、阅历浅、不成熟，于是就形成了“父母说话小孩子听”的定论。也有不少父母要孩子对他们“言听计从”，否则就认为有失父母的威信和尊严。其实这种想法也是不对的，因为父母不可能总是按照管教三四岁小孩的方法来对待自己已经长大的孩子。要求和命令的时代已经过去，换成说服的方式取而代之就可以了。

聪明的家长应尊重孩子的独立性，允许孩子有不同的观点、看法。面对顶嘴的孩子，应保持风度、保持冷静，不要轻易发火动怒，加剧双方的抵触情绪。要善于倾听孩子的意见，耐心让孩子把心中的观点讲出来，然后分析一下孩子说的是否有道理，变顶嘴为讨论、探讨。如果孩子是正确的，就应该给予肯定和鼓励。如果孩子是无理取闹，家长也可坚持自己的观点，但应该将心比心，耐心听完孩子的意见后，讲明道理，真正说服他。

德国汉堡心理学家安得利卡·法斯博士通过多年的实验观察后证实，隔代人之间争辩，对于下一代来说，是走向成人之路的重要一步。能够同父母进行真正争辩的孩子，在以后会比较自信、有创造力和合群。

孩子争辩的时候，往往是他们最得意的时候。这至少有两个好处：一是当孩子最来劲、最高兴、最认真时，对他们的大脑发育是有好处的；二是这样可以营造家庭的民主气氛，增加孩子各方面的能力。这样的孩子具有很强的交际能力和其他方面的能力，对将来的发展是大有好处的。

总之，如果一个孩子从不与人争辩，总是与世无争，那么，他的勇气、智商、口才、进取心、自信心等就值得怀疑了。因此，从某种意义上说，争辩是孩子的一门必修课，而这门课最好在家里进行。在争辩的过程中，父母要有热心和耐心，让孩子在争辩中不断成长。

别让孩子看到你就害怕

这天，在教育咨询中心工作的赵老师收到一封信，是一位妈妈写来的。赵老师打开信，上面写着：

“赵老师：

你好！

我和我爱人都是大学教师，可是儿子却让我头疼不已。他现在上初中了，可是总是说谎。这次期中考试结束后，我问他考得怎么样，他跟我说还行吧。后来成绩出来了，他告诉我考了全班第十名，听到这个消息我和他爸爸都很开心，因为他之前一直都在 20 名左右徘徊。可是，后来我见到他的班主任才知道，原来他只考了全班第 40 名，比以往任何一次都考得差。

以前孩子说谎还有些不自在，现在经常编谎话骗我们，居然说得像真的，没事人似的。我没法理解，我那么用心地教育孩子，孩子怎么学会了撒谎呢。他考得不好我能原谅，可是我没法原谅他说谎骗人。”

类似这样的案例赵老师接到过很多。看完这位妈妈的信，赵老师心情也很沉重。他能理解这位妈妈的气愤，但是同时也很同情那个男孩子。因为这位妈妈只看到了孩子说谎骗人，却没有去细心体会孩子在那些日子内心所受的煎熬。

生活中，相信有很多妈妈都有类似的困惑，孩子说谎，他们不知道是哪里出了问题。很多妈妈以为是孩子品行不好，事实上，简单地将孩子说谎归咎于品行不好是错误的。因为，很多孩子说谎并不是因为品行不好，而是迫于父母的压力。

像上例中提到的那个男孩，他考试没考好，其实内心已经很痛苦了，有很大的压力，不知道如何向父母交代，而恰恰此时，母亲询问他的考试情况，为了不让母亲伤心，他只好编谎话来骗人。尽管他也知道，过不了多久，妈妈就会从老师那里知道自己的真实成绩，但是他却宁可撒谎也不愿意告诉妈妈自己的真实成绩。

这是为什么？因为孩子没有将妈妈当成不幸的分担者，孩子这样做，肯定是出于经验。相信在以往的生活中，一定是孩子一做错了事，总会遭到严厉的批评。于是，孩子为了逃避一时的批评而撒谎了。

生活中，很多妈妈习惯把儿童的品行问题归咎于孩子自身，所以习惯指责孩子；可是很少有人去反思自己的教育方式。事实上，孩子的品行习惯依赖于妈妈的教育方式。所以每一位妈妈在思考改变孩子的问题时，切入点永远应该是如何改变自己的教育方式。哪怕你认为孩子的毛病就是来自孩子自己，你也有责任通过改变你自己唤起孩子的改变。不这样思考，你就永远找不到改变孩子的路径。

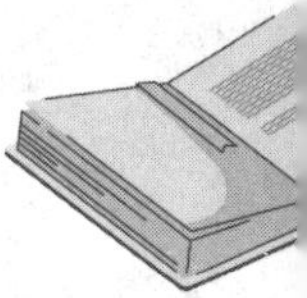

第4章

态度温和，千万别跟孩子来硬的

用温和的态度来对待孩子

父母对孩子的态度非常重要，这会直接影响到孩子对自己的看法、孩子的智力及能力发展，甚至会影响到孩子的行为及道德发展。可惜大多数的父母都意识不到这些，他们觉得自己的态度和孩子的发展没有必然联系。

但实际上，孩子的各种行为都会受到父母态度的影响，甚至孩子的一些品质也都会受到父母态度的影响。

曾经有一位教育专家说过："提到才智，那么评价就等于成就。"父母对待孩子的态度对孩子的能力形成往往会有巨大的影响。如果父母认为自己的孩子很优秀，那么孩子也会积极地朝着优秀的方向努力。

兵兵上小学的时候成绩优异，这让爸爸妈妈引以为荣。但是自从他上了初中之后，可能是有一些不适应，学习成绩就不如从前了。

自从兵兵学习成绩下降之后，家里就充满了火药味，爸爸妈妈对他的退步感到十分不安，有时难免在话语中透露出焦急。为了帮助兵兵赶快提高成绩，妈妈到处打探哪里的补习班好，然后为兵兵报名学习，一个学期下来，花掉了好几千元，但是兵兵的成绩却不见有什么长进。眼瞅着兵兵成绩一路走下坡路，爸爸妈妈对兵兵说话也开始刻薄起来。

"看看人家怎么这么好命，不花一分钱，孩子照样考前几名，我怎么就生了这么笨的孩子，花多少钱也换不来好成绩。”妈妈有时会这样抱怨。

“看看人家孩子多好命，爸爸妈妈不是厂长就是干部，我怎么这么倒霉，投胎到这么普通的家庭。”兵兵显然不买妈妈的账，开始顶嘴。不过，听兵兵这么一说，妈妈也是哑口无言。

爸爸妈妈对兵兵的这种尖酸态度，让兵兵很不满意，也很寒心。他觉得没有了爸爸妈妈的鼓励，也失去了上进的动力。

其实，父母对孩子的态度不仅会影响到孩子的智力发展和学习，还会影响到孩子能力和人格的发展，比如说孩子的社会适应能力、人际交往能力、自主能力、独立能力等。人的这些能力是在童年时代奠定基础的，父母对待孩子的态度，对孩子在这些方面能力的形成有巨大影响。

父母是用温和的态度鼓励孩子去和其他孩子交往，还是限制孩子的交往？是有意让孩子在某种环境受到挫折，得到锻炼，还是害怕孩子受到挫折，把孩子保护起来？当孩子受到挫折是帮助、鼓励孩子，还是讽刺、嘲笑孩子，甚至让孩子在挫折面前逃避？这都将对孩子造成重大的影响。

苏晴的父母都是心理学专家，他们深知父母的态度对孩子成长的影响，因此在教育孩子的过程中很注重自己的态度。

每次苏晴犯了错误，惴惴不安的时候，她的妈妈总是先安慰她，然后很温和地给她陈述事情的利害关系。父亲也积极地帮助苏晴改正错误。

今年苏晴被评为市级三好学生，老师在开家长会的时候，请苏晴来给全班的同学做一个演讲。站在讲台上的苏晴说：“现在的我能成为一个优秀的高中生，我觉得除了老师的辛勤培养，我更需要感谢爸爸妈妈的培养，不管是我有意无意犯了严重的错误时，还是我胆小怕事需要人鼓励时，他们总是用一种温和的态度对待我，从来不曾大声训斥我。这给了我自信，也给了我温和的性格。”

很多家庭教育方面的专家都发现，如果父母对孩子持有消极、粗暴的态度，就可能造成孩子的行为向不良或不健康的方面发展。反之，如果父母对孩子持有积极、温和的态度，就会使得孩子的行为向良好、健康的方面发展。

只有在父母温和、细心的鼓励和帮助下，孩子才能建立起较好的自我评价和自我意向，建立起自信心，从而很好地发展出自主能力、独立能力和其他社会能力，为一生奠定良好的基础。

这种温和的态度对孩子的影响在孩子犯了错误的时候最为重要，一般而言，当发现孩子犯了错时，父母如果能注意控制自己的情绪，从孩子的角度出发，用温和的态度对孩子讲清楚问题的后果，让孩子认识到自己的错误，孩子就会积极主动地去改正错误。

很多父母也想用温和的态度对待孩子，但往往控制不住自己的情绪。那父母要怎么样才能控制好自己的情绪呢？

如何应对和大人“对着干”的孩子

不少父母都发现，每个孩子在成长过程中都有这样一个阶段：对于父母的话左耳进右耳出，动不动就跟父母顶嘴，或者干脆跟父母对着干。孩子究竟是怎么了呢？怎么突然间就这样不听话了？

罗定的爸爸妈妈是一对很开明的父母，很少跟罗定有冲突的时候。可是罗定的妈妈最近发现，儿子自从读小学六年级以来，发生了显著变化。他似乎不像以前那样喜欢跟父母交流了，对于父母的一些做法和看法，他也时不时地提出反对意见。有一段时间，他甚至特别喜欢跟自己的父母“对着干”：父母要求他做的事情，他总是找各种理由拒绝；父母给他的意见和建议，他也经常当作耳旁风；当父母想要跟他好好谈谈的时候，他没听几句就索性出门。

“小定，你上次不是说想去看话剧吗？这周末妈妈陪你一起去看吧。”

“不了，我现在不想了，我周末想要跟同学一起去唱歌。”

“小定，过两天就是你的生日了，以前你总想请同学到家里来玩玩，明天爸爸妈妈就给你们足够的时间玩，我已经帮你们准备了很多零食，到时候你们可以好好聚聚。”

“不用了，我现在觉得还是去外面过比较好，我已经跟同学们说了，把地点定在必胜客。”

“那爸爸妈妈也去，顺便帮你买单？”

“不行，我请的都是同学，你们去不合适。”

“你这孩子，怎么总喜欢跟父母对着干？也不想想如果你是父母，我们老是跟你这么对着干，你心里会好受吗？”罗定的妈妈很委屈地对罗定说，惹得罗定的爸爸哈哈大笑。

其实，罗定之所以会经常做出与父母“对着干”的举动，与青春期的成长阶段和心理密不可分。在生活中，面对孩子成长发育过程中的这些心理特征，父母应该多多了解和关心，在这一基础上，父母可以通过一些实际行动来帮助孩子走出青春期的困惑，帮助孩子健康成长。尤其是当孩子出于叛逆而做出一些不合时宜或错误的事情时，父母更应该好好引导和教育了，而不是一味地对孩子进行指责，这会让孩子更加反感父母，从而更加叛逆。

兰兰下学期就读初中了，妈妈发现，她最近变得有些奇怪，总喜欢跟同龄人聊天，却什么话也不喜欢对家人说，有时候妈妈问上好几句，她才勉强回答一两句。更让妈妈担忧的是，原本乖巧的女儿似乎一下子变得叛逆起来了，在很多事情上她总喜欢跟父母对着干。

“兰兰，你不是一直想跟向老师学舞蹈吗？我们昨天已经帮你联系好了，明天就带你去报名上课。”妈妈高兴地说。

“舞蹈？我现在已经不想学了。”兰兰没好气地答道。

“你这孩子，上次不是哭着嚷着要去吗，妈妈费了很大的劲才帮你联系上，现在怎么不想学了？”

“就是不想，我就不喜欢按照你的意思去做，就不想总是顺从你！”

这个时候，兰兰妈要怎么跟孩子说呢？硬碰硬行吗？当然不行，这样做的话，只会让孩子的逆反心理更加强烈。其实，兰兰的妈妈不妨和孩子好好商量，在商量的过程中不要急于说服孩子，而是听孩子倾诉，把好她的脉，然后对症来下药，就可以取得事半功倍的效果。

在这个过程中，专家给出了以下三点建议，父母在引导孩子的过程中需要特别注意：

一，尊重孩子，让孩子和父母有同等发言的机会，不能只是父母说了算，不许孩子表达自己的看法。其实，很多孩子不听父母的话并不是认为父母的话没有道理，只是觉得父母用一种高高在上的态度命令自己，这让他们感觉父母很不尊重自己。

二，了解孩子，在此基础上如果发现孩子有做得不正确的地方，用一种商量和讨论的方式同孩子交流。孩子需要父母的理解，如果父母不了解孩子的喜好，只是站在大人的角度，对孩子进行命令或者评判，孩子当然是听不进去的。

三，树立孩子的自信心。家长对于孩子处理问题中的积极方面要给予充分肯定，在此基础上与孩子讨论如何进一步完善事情处理的方法，孩子比较容易接受。

总之，要放下家长的权威，用爱心引导孩子，孩子自然会放下自己的叛逆的“武器”乖乖和父母站到相同的“战线”上去。

不是孩子没主见，就怕家长太强势

很多父母都有过这样无可奈何的时刻：

“今晚我们吃什么？”“随便！”

“这两件你喜欢哪一件？”“随便！”

“周末李阿姨要把弟弟寄放在我们家，你看着点儿他。”“随便！”

不管说什么，孩子都是一句“随便”。

也许，下面这位教育专家的亲身经历可以给做父母的一些启发：

有一天，有位热情好客的家长邀请我去某某高级酒店共进晚餐，顺便认识一下她的儿子，解决一些问题。其实，我不太喜欢在饭桌上说什么教育，当时也有其他事情脱不开身，但这个语气坚决、果断的家长，简直就是以命令和通知的语气说，希望我晚上准时到场，万事俱备，就等我开饭。

见到那个孩子的时候，我真吓一跳，那位家长看起来十分娇小，但她的儿子却十分高大。我在家长的安排下坐到孩子的旁边。

那孩子很沉默，一直都是他的妈妈在滔滔不绝地向我介绍她自己的工作、丈夫的工作，今天怎么怎么忙，实在没有别的时间等。她讲到口渴，停下来喝水，我便问旁边的小伙子：

“在哪个学校读书啊？”

“噢，他在市一中。”

“你们几点放学？”

“他们四点半就放了，也是从学校直接过来的。”唉，这妈妈真爱说话。

“爸爸在什么单位？”

“崔老师，我刚不是说了吗，他在建行上班呢。”

“你们老家是哪儿的？”

“他们是延吉那边的，爷爷那辈搬过来的。”

我实在忍不住了，就轻轻地碰了碰那位母亲，结果，这大姐说：“儿子，你往里面去点，挤着崔老师了。”

……

饭后，妈妈说："崔老师，你看我们家孩子长得不错吧，就是不爱说话，对什么都无所谓，哪像一个十几岁的青年啊。"

我诚恳地说："大姐，真不是你家孩子不爱说话，而是你自己说得太多了。你看我问他的问题，都被你说完了，他还说什么呢？"

不是孩子没有主见，是根本不能有主见。孩子表达不好，因此在他说之前家长抢先说了。孩子的决定欠考虑，因此，决定早就下了。孩子呐喊，无视；孩子反抗，打压。终有一天，孩子悄无声息了，当然，又继续充当被指责对象——沉默寡言，没有主见。

强势没有好坏之分，对孩子过于强势就是把孩子推到弱势群体里！

点到为止，给孩子留足面子

中国人很爱自己的面子。如果一个成年人被人说个不停，不管是在家里还是在外面，他都会觉得很没有面子，进而对批评他的人很反感。

不要以为只有大人才会在乎自己的面子，孩子也是一样。然而现实生活中有不少父母批评孩子的时候，总是忽略孩子的感受，不给孩子留一点面子，结果让孩子对父母极度反感。

小永是六年级的学生，学习成绩还算不错，也很喜欢运动，平时喜欢和同学一起踢球，有时候玩到很晚才回家，他的爸爸妈妈因此经常四处去找他，每次找到他后不免对他一通说教。

有一次，小永和几个同学因为找不到场地，就在离家不远的胡同里踢起球来，谁知，小永在踢球时不小心把一户人家的玻璃打碎了。

那人马上就到家里来告状了。妈妈知道这件事情之后很生气，就当着小永同学的面教训起小永来。

“真是不让人省心啊，爸爸妈妈每天那么辛苦地工作供你读书，可你整天就知道玩，一点也不上进。”

“谁说的？我在学校学习很认真的，要不成绩还那么好！”

“居然还顶嘴，你成绩好是因为先天聪明，我们这么聪明的父母才能生得出来。要不是这样，你哪能像现在一样？”

见小永没有作声，妈妈继续数落道：“你想想你每年要闯多少祸？每次都要我们来给你收拾残局，还都这么大人了，好意思吗，我要是你，早就没脸做人了。”

小永看到妈妈在同学面前不住地批评自己，说了一句：“你有完没完啊！”就气愤地独自跑开了。

“怎么，我还说不得你了，做错了事情就该批评，你们说对不对？”等到小永跑开了以后，小永的妈妈还不依不饶地对小永的同学说道。

经过这次事件以后，小永很长一段时间都对妈妈不理不睬。

不得不说，小永妈妈的做法严重伤害了小永的自尊心，是相当不可取的。然而现实生活中还是有一些家长认为，孩子天生就缺乏自制力，如果遇到事情不给点颜色看看，那么他们就永远不知道严格要求自己。

但是家长却忽视了一点，如果总是对孩子没完没了地批评，尤其是当着众人的面批评、指责，虽然是让孩子记住了教训，但同时也伤了孩子的自尊，因此会很容易激起孩子的反抗心理。

在家庭教育中，一些父母在批评孩子的时候喜欢说个没完没了，而且还时不时质问孩子“我的话你听见了没有”，孩子恐惧于家长的权威，不得不应承，可实际上，孩子根本没有把家长的话放心上。

还有一些父母在孩子表现不好或者犯错误的时候喜欢翻旧账，把许多年前的事情都拿出来数落孩子一番，而且越说越带劲，一点都不顾及孩子的感受。这两种批评教育方式都是错误的，也收不到任何教育效果。

因为父母在批评孩子的时候说得太多、太啰嗦，会令孩子分不清主次，不知道听哪一句好，而且长此以往，还会导致孩子在家长的教育面前“失聪”，对任何话都无动于衷，从而使批评教育失去作用。

英国一项研究表明，教育也是需要讲究方法和策略的，那些总是温和地跟孩子交流，在批评孩子的时候点到为止、不唠叨的父母更能教育好孩子。孩子也是很重视面子的，在批评孩子的时候，父母不妨多讲讲方法，学会点到为止，留下思考空间和回旋余地，这样或许孩子才更容易接受。

与孩子讨论比训话更重要

做父母的太容易假定自己懂得孩子内心的想法，知道他们的感觉。但我们必须承认，父母也会犯主客观意识上的错误，况且对问题的看法与观点并非千篇一律，各人的观点与想法也不尽相同。更何况孩子对事物的认识及反应也不可能总是成熟、正确的。因为孩子就是孩子，无论他多么成熟，他总还不能达到成年人的境界，我们也不能完全用成年人的观点来推断和要求孩子。与其说训导孩子有一个好习惯或者是改掉某些毛病，不如与孩子一起讨论，在讨论中让孩子懂得应该怎样，而不是单纯的必须怎样。

与孩子就一件事情做一番讨论，可以帮助我们了解孩子对这件事情的真实感受与想法，继而提出我们认为正确的建议，同时又可以避免对孩子进行简单要求所引起的反感。

海迪总是忘记上课应用的用具，如果我们只是简单地训斥、教导，提要求说："你应当知道第二天上课应当带的用具，不应该忘记，为什么总是不改呢？"我们听听海迪有什么反应呢？"见鬼，又是这一套，都快烦死了。"孩子原本有的惭愧被父母的一番训斥换成了一腔怨气。如果父母不是一上来就发脾气或指责，而是寻问原因，毫无成见地："小迪，老师说你经常忘记带学习用具，今天又忘了，是这样吗？"当女儿承认后，妈妈继续问："是不是有什么困难，记不住第二天要带什么用具，还是时间太紧来不及收拾？”这样的方式就不是一味提要求、训斥的方式，而是平和且尊重孩子，不主观臆断，愿意听听孩子的解释和看法。无论情况怎样，孩子是否有主要责任，这种平易的态度，都是赢得孩子合作的态度。

当我们发现孩子与我们有不同的观点时，我们应当找时间与孩子认真地谈一谈，看看他们这种新的思想是否有什么不好的倾向。如果明知孩子有了新的想法，却不去及时交流、了解，那么假如孩子的想法一开始就有缺陷，这种缺陷在他的头脑中保留并发展下去，孩子便会在这种思想的指使下做出你意想不到的事来，而且这种思想一旦经过认知强化便很难纠正。

在与孩子讨论他们的想法时，应当给予足够机会让他们尽情表达，并给予足够的理解。应避免讲出任何伤害他们自尊与感情的话，否则会阻塞进一步交流的渠道，使孩子存有戒心，不再愿意向你敞开心扉。

在讨论过程中，我们应当随时准备接受与我们自己观点不一致的想法，这需要做父母的有一定的修养与鉴别能力，能够认识孩子思想中的闪光点，对不能认同的想法，父母完全可以表述自己的立场，不过不能一棍子打死，完全否定他们的思想，应当尊重他们的自我反思能力，给他们思考吸收的时间。在阐明自己的看法后，我们可以说：“这是我的想法，但你有权利按自己的思路去想问题。不用急于做决定，再想想看，或者再征求一下别人的意见。”这类话是很开放的，却能与孩子建立良好的关系。

在相互平等的前提下，每个人都必须愿意重新衡量自己的观点，搞清楚究竟谁的观点更符合实际，或更有道理，而不是简单的谁对谁错，头脑必须开放。能做到这一点，尤其对父母来说很不容易，但我们必须做到。要想引导孩子正确思考问题，就需要有这种耐心与风格，而不是强迫他们改正。

孩子们都在逐渐形成自己的一套逻辑思维系统，并以此指导自己的行为。要想完全否定他们的想法，或不顾一种想法与其他思想的关联，毫不客气地加以否定，便会引发孩子的全面反抗。另外对孩子已经认识到的错误，不应反复向他订正，这种重复也会引起逆反心理，使他更加顽固地维护自己的看法，不愿轻易屈服或因为父母的说教而改变初衷。

生活中的许多问题都可以通过讨论来解决。当然，有时用协商和征求意见的方式直接指出问题也是有益的。从讨论谈话中得到的信息可帮助父母决定下一步该怎么办。假如你试图用简单的方法去纠正一个很明显的错误思想，如果不能得到任何效果，是因为你没有给孩子思考、自动选择的机会，只是简单地要求他接受你的意见，而孩子是不会与你开诚布公的，甚至根本不与你争论。如果同孩子的讨论走入了歧途，孩子就不愿再继续讨论下去，因为他已经意识到你对他的观点持有异议，而正在特意做工作让他承认错误。这时，你可以先停止讨论，把问题放到一边，过一段时间再找机会谈。千万要记住，无论如何要避免做硬性规定。

合作只能赢得，不能强求。对孩子训话意味着告诉他你想怎样解决这个问题。表示你要求他绝对服从，让他像你一样思考问题。和孩子交谈，意味着大家一起寻找方法去解决问题。这样的话，孩子们就可以参加建设家庭的合作，使孩子认识到他也可以为家庭做出贡献。

与孩子一起讨论问题，给他机会阐述自己的观点，是否意味着孩子可以不听取父母的意见，父母失去了领导、影响孩子的地位和机会呢？并非如此，一起讨论问题是为了共同找到解决问题的方法，在讨论过程中，父母可以用自己的观点和经验来引导和影响孩子的推理过程。相反，如果我们不能坐下来平心静气地与孩子讨论面临的问题，不能让他表达自己的意见，听取他的意见，那么孩子就会我行我素，根本不去理会你，父母也就丧失了影响孩子的机会和权力。

不要将孩子推向抵制的边缘

郭女士很担心她 12 岁的女儿丽丽交些不三不四的朋友，因为她在丽丽的衣橱里发现了一个 6 瓶包装的啤酒。郭女士拿着啤酒走到女儿面前问："这是什么？"她的口气表明她并不需要回答，只是准备开始一番更深的盘问及训斥。马上，女儿站在防御线上："这是我收起来的半打啤酒。""别和我耍小聪明。给我讲讲这是怎么回事？"丽丽做出很天真的样子说："我不知道你是什么意思？""我在你衣橱里发现了这个，你最好给我解释解释。"丽丽很快地想了想："噢，我忘了，我是帮一个朋友藏着的。""真的？你以为我会相信？"丽丽很生气地说："我不在乎你是否相信。"说完走进她的房间，嘭的一声关上了门。郭女士为此十分生气，认为自己完全是为了女儿好，但女儿却不领情。

这里问题的关键是郭女士的提问方式及语气并没有足够地表

示出她对女儿的关心，显露出更多的是对女儿的怀疑与愤怒。郭女士该怎么办呢？她认真地反省了自己的态度，意识到由于先入为主的观点与审查的态度，可能导致丽丽对妈妈的出发点的怀疑。于是，她决定与女儿好好谈谈。第二天，女儿一回到家，郭女士看着女儿说："我们能聊聊吗？""聊什么？"女儿的态度很冷淡。郭女士很有准备地保持着镇定。"我猜想昨晚我因怀疑那些啤酒向你喊叫起来时，你认为我所关心的根本就不是你，而是想挑你的毛病，对吗？"她说中了丽丽的心，丽丽一下哭了起来，哽咽地说："是的，我觉得我对你只是一个累赘，只有我的朋友才真正关心我。""你是有道理的，当时，我充满了恐慌和愤怒，我仿佛看到你同一些不适当的朋友搅在一起，你当然感觉不出任何的爱。"丽丽终于缓和下来，郭女士接着说："我真的很抱歉，昨天不该向你发那么大的火。"距离和敌视被亲近和相信所代替。"没什么，妈妈，我真的是为我的朋友藏着那些啤酒。""那好，丽丽，我担心你会做什么伤害你自己的事，这种担心有时会让我反应过敏，你能给我一个机会吗？让我们重新开始交谈，一起解决这些问题好吗？""当然，妈妈，我赞成。"郭女士觉得非常高兴，因为建立在爱和合作基础上的气氛完全改变了她们之间的关系。这次谈话的最大收获是使丽丽懂得妈妈的询问是出于对她的爱与关心，并非对她的个人权利的侵犯。丽丽的防范心理就此取消，为下一步工作开辟了道路。

对孩子成长的热切希望，常常使家长对孩子的态度过于激烈、偏颇。这种表现给孩子们一种冰冷的感觉，在父母发火的这一瞬间觉得父母充满了敌意，而无丝毫爱的温暖。孩子的这种感觉将他们推向抵制的边缘，所考虑的是如何抵御，激化了矛盾，对教育孩子十分不利。

不要强迫孩子做事

莎莎已经 15 岁了，妈妈成功地说服莎莎洗自己换下来的衣服。两周过去，事情很顺利。每周末莎莎就把自己的衣服洗净叠好、放好。然而有一个周末，妈妈发现莎莎的脏衣服堆了一堆却不去洗，就批评她，莎莎答应下次不会忘了，接下来的一周，莎莎还是没洗，她已经两星期没洗衣服，几乎没剩几件干净的衣服了。这次妈妈记起来要运用自然结果法，看看效果如何：她不再理会莎莎，莎莎的衣服留在那里没有洗，只好不换衣服，看她怎么办，但脏衣服的堆积似乎并没有使莎莎为难，她从脏衣服里捡出一些稍微干净一点的继续穿，她心想：我就是不去洗那些衣服。妈妈天天看着那些脏衣服越看越恼火，终于有一天，她发了火，狠狠地说了莎莎一顿，当着她的面扔掉了一些太脏的衣服。莎莎流下了眼泪，但暗自高兴，你把太脏的衣服扔掉了，我还不想要那些衣服呢，正好合我心意。妈妈艰难地把她拉到洗衣机旁，强迫她把衣服洗了："你记清楚了吗，下次记住及时洗衣服，否则没有衣服穿！"

莎莎没有按时洗自己的衣服，妈妈忍耐不住发了火，最终用强迫的手段让莎莎洗了衣服。其实，如果妈妈能耐心一些，可以再坚持几天，看一看最后莎莎怎么办，她不可能永远穿脏衣服。其实莎莎是想让妈妈看一看，她并不愿意让别人强迫自己干什么事情。她宁愿穿脏衣服，也不愿受妈妈支配。

对这件事正确的处理方法是妈妈应该对莎莎不洗衣服不再提出意见。当妈妈将料理脏衣服的事交给莎莎管理时，就承认莎莎已足够大，可以自己照料这件事，不再需要妈妈操心，洗不洗衣服是莎莎的事。如果莎莎不洗，她就穿脏衣服。一个女孩子其实很小就开始爱打扮，爱干净，她懂得什么是美观漂亮，什么是邋遢肮脏。她不可能长期穿脏衣服，但她决不希望妈妈干涉。一大堆脏衣服留到洗衣机旁，是对妈妈干涉的抗议。妈妈强迫莎莎洗衣服是运用权力，许多父母在无法实施有效的教育手段时，就会运用权力强制孩子入轨，这是很武断的，也是很难成功的。妈妈感到她的权力地位受到威胁，因为莎莎不听她的劝告。当然妈妈也非只有一个选择：除了运用自然结果法使莎莎自觉地洗衣服，妈妈可以同莎莎谈谈话，发现她不洗衣服的原因。比如，先搞明白莎莎为什么洗着洗着就不洗了，不保持这种习惯了，会不会是莎莎有几件衣服旧了，小了，她不想穿了。如果是这种情况，妈妈耐心地和莎莎谈话，莎莎会告诉妈妈，她不喜欢那几件衣服，就会避免一场长时间的权力斗争。

不妨冷对孩子的牛脾气

每个人都不希望自己的孩子是一个随意发脾气的孩子，可事实上发脾气是孩子成长过程中的必经之路，如果家长引导得不好，孩子就会养成乱发脾气的习惯，特别是在物质满足上，孩子会没完没了地发脾气，直到得到自己想要的东西为止。

一天晚上，一家人正在看电视，小恒突然要吃冰激凌。已经很晚了，商店都关了门，爸爸妈妈试图跟他解释，劝说他明天再吃。然而，小恒的脾气却上来了，他倒在地上大声叫喊，用头撞地，用手到处乱抓，用脚踹所有够得着的东西……

爸爸妈妈被气得不知道该说什么，他们努力克制自己的火气，暂时没有任何语言和动作。

小恒已经叫喊半天了，他奇怪地发现，居然没有人理他。于是，他又重新按他刚才的“表演”闹了一番。这次爸爸妈妈坐了下来，静静看着儿子，没有任何语言和动作。

小恒不服气地又开始了第三次“表演”，然而爸爸妈妈还是没有任何表示。最后，小恒大概也觉得自己趴在地上哭叫实在太傻了，他自己爬了起来，回房间睡觉去了。

从此，小恒再也没朝别人乱发脾气，小恒的乱发脾气因为没有得到强化而自然消失了。

孩子情绪不稳定，自制力差，并且难以接受父母的意见与劝说。在这种时候，疼爱孩子的你能做到冷静处理吗？你是不是对孩子过度关注，比如，孩子一伤心你立刻安抚，一哭叫马上就哄？

“现在的孩子越来越难管了！”一些年轻的妈妈抱怨说，“稍不如意，牛脾气就上来了。打也不听、骂也不灵，哄他吧，他还更来劲！”生活中确实有不少这样的孩子。那么对于孩子的“牛脾气”家长应该怎样处理呢？

心理学家认为，孩子爱发脾气是由于家庭教育不当引起的。特别是独生子女，如果从小就事事以他为中心，吃不得一点苦，要什么给什么，那么孩子就会养成遇事爱发脾气的习惯。

要让孩子心平气和地生活，改掉喜怒无常的坏情绪，最有效的办法是采取置之不理的方法，进行“冷处理”，让其自动消失。譬如孩子在商场里面满地打滚的时候，你就在旁边看着，直到他偃旗息鼓。

孩子发脾气就向他屈服是最不可取的教育态度和教子方法。当孩子乱发脾气时，父母要保持冷静，对孩子的不合理要求绝不迁就，始终要让孩子明白，无论他怎么发脾气，父母都不会“俯首称臣”，他始终都达不到自己的目的。当孩子已经“雷霆万钧”时，不妨运用冷淡计，父母及其亲人都不去理会他。事后，再当着孩子的面，分析一下他发脾气的原因，细心地引导、教育孩子，相信孩子会从一次错误的行为中吸取教训。

专家认为，父母在阻止孩子坏脾气发作的时候，既不要采取过于强硬的态度，也不能采取过于软弱的态度。最好是能够迅速而果断地将孩子的注意力转移到其他方面，以缓和紧张的局势。也就是说，当孩子正处于发脾气的时刻，父母不要一心只想到训斥孩子，因为孩子这时是听不进去的；也不要强迫孩子或者用武力威胁孩子马上停止发脾气。最简便的方法就是冷处理，把他撇下不管，或把他送出门外，让他一个人去发泄，去自我克服、自我平息。这样坚持一段时间后，孩子就会渐渐改正乱发脾气的习惯，因为他知道这样做是什么也得不到的。

第5章

把握尺度，可以宽容但不能纵容

对感受要宽容，对行为要严格

孩子们是无法禁止自己的感受的，比如面对未知的事情的时候，充满恐惧；面对糟糕的事情的时候，满心的绝望。作为父母，这时候怎么办呢?

小勇今年刚上初一，以前都是住在家里的，现在由于学校要求进行封闭式管理，不得不住到学校。想到这里，他的心里很是害怕。

开学第一天，小勇就对妈妈说："妈妈，我心里有些害怕。"

"怕什么呢？男子汉不要怕！"小勇的妈妈有些不高兴地说道。

"学校住的地方晚上有灯吧！"小勇继续问道。

"有！你这孩子，真是的，这点事都怕，不要怕，听见了没有？"小勇的妈妈生气地呵斥道。

小勇感觉到妈妈似乎有些生气，就再也不说话了。而且，慢慢地在学校里遇到一些事情，也不再愿意跟妈妈说了，担心妈妈又说他胆小怕事，不勇敢！

面对自己从未经历过的事情，每个人都会有一丝害怕，这种感受是很正常的。可是，小勇的妈妈不仅不体谅他的感受，还指责孩子不勇敢，这导致了孩子后来有事情不愿意跟自己的妈妈分享。

试想一下，如果小勇的妈妈能宽容点对待孩子的这种感受，体谅一下他的害怕，孩子会感到妈妈的可亲，自然也不会疏远妈妈。

我们都喜欢和那些能够站在我们的角度，体谅我们感受的人做朋友。孩子何尝不是呢？

可是，对孩子的行为却不能纵容，需要严格要求的时候，必须严格。孩子的自制力等能力还在培养中，只有父母严格要求才有助于孩子养成良好的习惯。

丽丽今年 5 岁了，每天放学回家后的第一件事情就是放下书包，坐到电视机前，然后一直看到睡觉。丽丽的妈妈觉得这样不仅影响孩子的学习，也会伤害到孩子的眼睛。

“丽丽，把电视关了。”丽丽的妈妈每次都这样喊叫，可丽丽仍是无动于衷。气急败坏的丽丽妈妈就自己动手把电视关了。可是不一会儿，丽丽又把电视打开了。这让丽丽的妈妈很是无奈。

久而久之，丽丽的妈妈对此实在是没有办法了，只好放弃了，任由丽丽放学回家后一个劲地看电视。

直到丽丽的爸爸有一次严厉地教训了丽丽一顿，丽丽这种坏习惯才有所收敛。但是丽丽很长一段时间都因为爸爸的教训闷闷不乐，不敢跟爸爸说话。

丽丽不加限制地看电视的行为，的确是很不好的，作为妈妈严格限制也是没有错的，可是，丽丽的妈妈却没有收到效果，这是为什么呢？主要原因就是丽丽妈妈的方法。

在我们严格要求孩子的行为的同时，一定要注意我们的方法。父母对孩子的行为严格要求，但不一定要采取严厉说辞。相反，要尽可能地采取温和的说辞，给孩子留一些主动性，以防激起孩子的逆反心理。

要知道试图强迫孩子改变无法让人接受的行为，结果一定是令人失望的。

因此，在这里，我们给父母一些建议：针对孩子的不当行为，首先要理解孩子做出这种行为的心理原因，也就是首先搞清楚孩子是怎么想的。不过，不管孩子的想法是正确的还是错误的、是可以原谅的还是不可以原谅的，都不要去指责孩子，而要尽力去理解孩子的心理。

其次，针对孩子的心理，好好引导，在此基础上严格要求孩子的行为。

总之，父母在看待孩子的感受和行为时要区别对待，孩子还只是孩子，如果在教育孩子的过程中没有让孩子从心理上接受父母的教育，那可以说是白费力气了。

不要过多地干涉孩子的自由

观察自然万象，我们就会发现这样一个真理：只有自由的土壤才能培养出天地间的强者。为了自由，狼宁愿去搏杀，在险象环生的环境中生活，也不愿意享受“被限制了自由的富贵”。

同样的道理，父母如果想把孩子培养成为生活中的强者，就应该多给他们一些自由的空间，不应该随便插手孩子可以自己独立解决的问题。

海伦是11岁的小姑娘，但她却是一家夏令营的辅导员助手。她为人既公正又热情，而且待人细致周到。海伦的妈妈一向相信海伦的自理能力和出色的社交能力，从来不会对她有半点怀疑。

这一天，妈妈和海伦通电话，感受到海伦的情绪有些不佳。

“亲爱的，你不是很高兴吗？”妈妈问道。

“妈妈，我之前的辅导员走了，新来的辅导员很粗鲁，对我们这些工作人员很厉害。”

“她对你也很粗鲁吗？”

“今天早上，我召集队员的时间有些晚，她竟然当着全队人的面，将我训斥一番，我觉得很没面子。”

海伦说到这里，在电话中忍不住哭了，她的妈妈很为女儿难过：“她这样做不对，我现在马上给你们学校的领导打电话，我要去提意见。或者我们辞掉这份工作，回家来吧。”

妈妈心疼女儿，这无可厚非，但是这位妈妈想让校领导批评辅导员，会让海伦更加认为自己是委屈的。其实，海伦本身也有失误的地方，妈妈这样的话会让女儿无法反省自己的责任，这样下去，辅导员在她心中的形象会进一步恶化，从而对今后她们的工作关系更加不利。

说到底，孩子和周围人的关系如何，需要孩子自己去处理。如果家长介入其中，就会剥夺孩子处理问题的权利，让孩子失去一次成长的机会。

当然，这不是说孩子在遇到事情的时候，父母不管不顾，孩子需要父母的指点，需要父母的帮助，但是父母不能过多地干涉。父母要做的就是稍稍地引导一下孩子，把最重要的一步留给孩子来决定。

如果海伦的妈妈能够换一种说法，结果就会不同了。

比如妈妈这样说："亲爱的，我很能够理解你，我想你现在一定觉得很不好过，但愿同妈妈谈一谈能让你心里变得舒服一些。"接下来，家长要做的是帮助孩子分析整个事件的全过程，帮助孩子反省一下自己的责任，同时还可以抚慰一下孩子的心情："辅导员老师估计是比较粗鲁，不过我觉得，学会与各种各样的人交往、相处，也是你参加这项服务的目的之一。如果你能够想出办法与辅导员的关系处得融洽一些，对你今后的工作会有好处，也锻炼了你与人相处的本领，你觉得如何呢？"这样的话说出来，会转变先前孩子的抱怨情绪，给孩子留下思考和发展的空间。

不要干涉孩子的自由，不仅仅是不干涉孩子自由发展的权利，也不要干涉孩子自由选择的权利。

不干涉孩子的自由选择，会慢慢让孩子学会独立面对社会现实，并不得不学会承担自己应该承担的责任。

这个社会是很现实的，家长应当允许孩子有机会接触生活的各个方面并且学会如何来应付它们，而不是将他们与现实隔离开来，所以，当孩子在成长过程中出现状况时，家长要引导他们，而不是干涉他们。

每个父母都希望自己的孩子成为生活中的强者，希望自己的孩子勇敢面对人生的风雨，可如果父母不放手给孩子经历风雨的机会，不给孩子独立面对社会的自由，那孩子如何成长呢？所以说，爱孩子就不要过多干涉孩子的自由，让孩子自由地飞翔，才是真正爱孩子。

疼爱孩子，也要懂得如何责罚

琳琳今年已经 5 岁了，是家里的独生女，平日里爸爸妈妈还有爷爷奶奶都很宠爱她。琳琳也会犯一些小错误，但是琳琳的爸爸妈妈从来都不会说她，一般都是很温和地告诉她这样不好就完事了。

有一次，爷爷和奶奶带着琳琳去公园里玩。琳琳看见公园里有一个小朋友的玩具很好玩，就抢了过来。结果惹得那个小朋友哇哇大哭，小朋友的妈妈赶过来，又从琳琳手里把玩具抢了回去，还大声地呵斥了琳琳。琳琳的爷爷奶奶很不好意思地替琳琳向人家道了歉。

“你上次抢幼儿园里小朋友东西的时候，妈妈不是告诉过你，好孩子是不会抢别人的东西的吗？抢东西是一种强盗行为，非常不好哦！”回到家后，妈妈很温柔地对琳琳说。

“是非常不好，可是也没有什么严重的后果呀？我实在太喜欢那个玩具了。”琳琳说道。

“怎么没有严重的后果呀？”

“有吗？我没有感觉到。”

琳琳的妈妈这是才意识到，自己平时太溺爱孩子了。

每个父母都是爱孩子的，不想责罚孩子。可是，适当的责罚在教育中是很有必要的。

首先，恰当的责罚会让孩子真正意识到做错事情的后果。

每个孩子都会有犯错的时候，犯了错误之后，有一些家长出于疼爱，觉得只要让孩子知道这样做是不正确的就可以了。

其实，孩子需要为其错误的行为付出一些“代价”，才会意识到这种错误行为的真正后果。看看故事中的琳琳，她并没有意识到问题的严重性，觉得犯了错误也没有什么大不了的。

其次，只有适当地责罚孩子，才能让孩子真正学会一些规矩，这对于孩子学会守规则十分重要。

有不少家长给孩子定了规矩，但却没有相应的责罚，结果孩子还是不遵守规矩。如有些家长告诉孩子吃饭按时吃，可是当孩子没有按时吃饭，说自己肚子有些饿的时候，立马又跑到厨房给孩子做饭，还边做饭边说“不是告诉你了吗，要按时吃饭”。

当孩子看到即使不按时吃饭，想吃还是能吃到时，他按时吃饭的观念立马就降到了最低点。

李立总是不按时吃饭，每一次都需要妈妈催促，结果还是收效甚微。这让他的妈妈很头疼。有一次，李立的妈妈把这件事告诉了李立的同学张毅的妈妈。

“那他要是饿了怎么办？”张毅的妈妈问。

“再给他做呗。”李立的妈妈无奈地说道。

“你可以这样试试，如果他不按时吃，你就不要再给他做了，饿他一次试试看。”张毅的妈妈建议道。

结果，李立的妈妈再次让李立吃饭的时候，没有再三催促，就只告诉他要吃饭了，李立还是不以为然，没有去理会。当他饿了，要求妈妈再做时，被妈妈拒绝了，并告诉他“以后过了吃饭时间，妈妈是不会再单独给你做饭的”。结果下次，李立不用妈妈叫，自己赶过来吃饭了。

最后，适当的责罚会让孩子更加坚强。

父母总是害怕孩子受到各种挫折、各种困难。可是，挫折困难却是人生中不可避免的。

作为父母，与其白费力气担心孩子受挫折受打击，还不如帮助孩子培养在挫折和困难中坚强面对的心理素质。

好的家庭教育一定是赏罚结合的。当然，父母必须注意“责罚”孩子的手段，体罚、当众责罚孩子是不可取的。

与其责备，不如给予反省的机会

几乎每个孩子的成长都伴随着父母的责骂，可是，很多的时候，父母发现，不管自己如何责骂，孩子的有些错误还是依旧。对此，他们真的已经束手无策了。

在一节家庭互动课上，老师让家长坐在教室的后排，听听学生对父母的要求：

“如果你们做错了事情，希望父母怎么办？”老师开始问大家问题。

“我希望我爸爸不要打我。”一个瘦瘦的男孩站起来说道。

“我希望我的妈妈不要老是责备我。”一个短头发的女孩大声地说道。

“我希望我的爸妈告诉我，我错在哪里。”一个眼睛大大的女孩说道。

“我希望我的爸妈能给我一个反省的机会。”一个个子高高的男生大声说道。

……

“如果父母都做到了这些，你们会怎么做呢？”老师笑了笑，继续问道。

“我会很爱他们，试着去改正错误。”孩子们高声答道。

大多数的父母在孩子犯错以后，第一反应都是去责备孩子。可是，这种做法真的十分有效吗？不见得。其实，孩子做了错事以后，是非常担心父母责备的。如果父母严厉地批评孩子，孩子反而有一种“如释重负”的感觉。相反，如果父母能保持沉默，孩子的心理反而会紧张，更容易产生一种愧疚感，进而会去反省自己的错误。

同是13岁的王刚和李蕴是非常要好的朋友，两个人在同一个学校的同一个班级，而且又住在一个小区，从小玩到大，可以说关系非常亲密。

有一次，在和其他小朋友踢足球的时候，王刚不小心把足球踢到了臭水沟里，其他小朋友都不想和他玩了。王刚生气地走了，李蕴也跟着王刚走了。走在路上，王刚说，要是有个自己的足球多好呀！于是就跟李蕴商量买个足球。可是两个孩子都没有多少零用钱，王刚就建议偷偷从家里拿。两人回到家后，偷偷拿钱买了一个足球，可是心里总是觉得不踏实。

李蕴的妈妈和王刚的妈妈都发现家里的钱少了，但是两个人的处理方式却截然不同。

李蕴的妈妈在发现钱少了的同时，也发现李蕴最近总是怪怪的，回到家就开始写作业，吃饭的时候也不敢看她，于是就怀疑可能是李蕴拿了钱买什么东西了。于是，她装作什么事情也没有发生，只是每天晚上去李蕴的房间，问问李蕴有没有什么话要对妈妈说。李蕴前三天一直都说没有，到第四天终于对妈妈坦白了，还说知道自己错了，希望妈妈给他改正的机会。

王刚就没有这么幸运了。王刚的妈妈发现钱少了后，也发现王刚最近怪怪的。有一次打扫的时候她发现了王刚藏在床底下的足球，就去质问王刚是不是拿钱去买了足球，王刚说是的。然后，王刚的妈妈大声地呵斥了他一顿，原本王刚觉得自己偷偷拿钱去买足球不对，心里很愧疚，结果妈妈把他训斥了一番之后，他的愧疚感却消失了。王刚的妈妈以为王刚记住了这次教训，可是没过多久，发现他又偷偷从家里拿钱了。

两个妈妈都是十分爱孩子的，希望孩子能够改正错误。可是，面对同一件事，孩子犯了同一个错误，两个妈妈采用了不同的处理方式，出现了完全不同的结果。我们不得不说，李蕴妈妈处理的方法比王刚的妈妈处理的方法高明得多。

其实，父母责备孩子也是希望孩子可以改正错误，只是有时候却发现结果与期望完全相反。这个时候，父母不妨换一种方式，适当地保持一段时间的沉默，给孩子一个反省的机会，让他试着自己去改正错误。

理解孩子的小脾气

婴儿时代的孩子常常会用哭的方式来表达他的痛苦。由于孩子还不会表达，父母总会耐心地寻找原因，直到他们不哭不闹为止。这时候，父母总觉得孩子的脾气不可捉摸是理所当然的，并且认为，当孩子学会表达以后，这种情况就好多了。可是他们却惊讶地发现，即使孩子长大了，他们的脾气有时候还是不可捉摸。

而且一旦小脾气得不到理解，孩子就开始和父母唱反调，这个时候家长可能会疑惑：孩子为什么越大就越不听话了呢？

其实，孩子并不是越大越不听话，而是他们长大了，有了自我意识。当他们的情绪被父母否定之后，自然会表现出不高兴，觉得父母不理解他。因此，聪明的家长如果希望孩子长大之后依然能是听话的好孩子，就要学会尊重孩子的自我意识，尊重他们的情绪，理解他们的小脾气。

一个小女孩对妈妈说："我不要去看医生，打针会很痛。"

"我知道，你很怕打针吗？"

"嗯，我不想打针。"小女孩认真地说。

"妈妈知道打针会很痛，妈妈小的时候也这样认为，你不用怕，妈妈在旁边一直陪着你好吗？"

最终，在妈妈的耐心指引下，小女孩决定去看医生了。

和成人不同，孩子的情绪往往会敏感很多。因此，有时候认同孩子的情绪，是促使孩子乐于与父母合作的主要因素。

很多父母当孩子在告诉他们遇到的问题或困难的时候，往往会迫不及待地扮演"救世英雄"的角色，告诉孩子面对这样的问题应该怎样怎样解决。但是，让父母不理解的是，当面对父母的好意指点，很多孩子不但不领情，反而会变得大发雷霆。

一天放学后，珍珍跑回家哭着说道："妈妈，体育老师不让我进入学校的体操队。”

“老师为什么不让你去呢？”

“她说我的协调性不好。呜呜……”珍珍看上去难过极了。

“老师怎么可以这样说？我现在就打电话过去问问。”妈妈要为女儿摆平这件事。

但是令妈妈吃惊的是，珍珍对妈妈的这种行动并不领情，她哭着对妈妈说：“臭妈妈，我不理你了。”说完就跑进自己的房间。

女儿的这种反应把妈妈吓了一跳，妈妈最后也没有给学校打电话过去。

后来，珍珍向妈妈道出了自己的想法：“其实我只是想发泄一下。”

看吧，这就是孩子的怪脾气，他们又哭又闹，看上去无比委屈，但是他们从内心并不想解决这个问题，只是为了博得爸爸妈妈的理解和同情，只是想得到安慰。在不了解孩子情绪的状况下，父母做出的任何帮助可能都不是孩子想要的。他们需要的，可能就是父母一个认可的眼神、一个关爱的动作，只要做到这些，就能够让孩子从坏的情绪中摆脱出来。父母在了解了这一点之后，就可以在与孩子沟通的时候多聆听，少提建议。在孩子发泄脾气的时候，先明确孩子是希望父母帮她们解决问题，还是只想向父母倾诉一下。明白了孩子的心理需求，就能够减少这种不必要的冲突了。

如果孩子觉得自己的情绪没有得到父母的肯定，就会认为这是父母对他们不尊重，他们会因此更加伤心难过，并且情绪变得更糟糕，甚至会苦恼、摔门、大发脾气。所以，当孩子向家长表达自己的情感，尤其是负面情感的时候，父母与其给孩子提供解决方法，不如接受其情绪，并对其遭遇表示同情。

女儿哭着对妈妈说："妈妈，我的小白兔死了。"

"没事，回来妈妈再帮你买一只。"

"我只想要这只小白兔，我就喜欢它。"

听到女儿这样讲，妈妈不耐烦地说道："你这个孩子怎么这样任性呢？不就是一只小白兔吗？再给你买一只不就得了吗？"

女儿听到妈妈这样讲，气不打一处来："你快别说了，烦死了。"

"你怎么这么大脾气……"

妈妈说的话小女孩为什么会听不进去呢？正是因为父母不认同她的情感，才使她的情绪被激化。其实同样的事情，如果父母换个说法，效果就不一样了。

女儿哭着对妈妈说："妈妈，我的小白兔死了。"

妈妈同情地对她说："难怪你这样伤心。"

"它是我最好的朋友。"

"失去朋友是件很难过的事，妈妈理解你的感受。"

"我每天都喂它吃东西，还给它水喝。"

"是啊，你很用心照顾自己的朋友，但要能问问兽医就好了。"

女儿恍然大悟，不再哭了，她认真地对妈妈说："妈妈，你再买一只小白兔给我吧。"

父母总觉得孩子的小脾气是莫名其妙的，似乎永远都不可捉摸。

其实，恰恰相反，孩子发脾气的原因都是很简单的，多数时候都是父母不理解孩子，才导致孩子发脾气。如果父母试着去体会孩子的感受，多多理解他们，就会发现，孩子其实还是那个听话的孩子。

不能迁就孩子的无理要求

“妈妈，我今天要吃肯德基。”

“今天妈妈很累，咱们在家吃饭吧。”

“不行，我就要吃肯德基。”

吃完饭回家的路上，孩子说：“妈妈我走不动了，你背我。”

“马上就到家了，自己走吧。”

“不，我就要你背。”

孩子的任性、无理取闹往往让家长很头疼，可还是有不少父母会选择迁就孩子无理的要求。

“我们的童年过得很艰辛，再不能让孩子经受我们已受过的那些磨难了。”

“现在条件好多了，只有一个孩子，因此，无论如何不能让孩子吃苦受累。”

“算了，他还是个孩子。”

……

正是出于这种心理，溺爱孩子已然成为当今社会的普遍现象。可是常言道：“严是爱，惯是坏，不管不教要变坏。”如果家长对孩子没有合理的管教，孩子就很容易养成霸道、自我的坏毛病。

如果家长对孩子没有要求，一味地迁就，百依百顺，满足孩子的一切要求，把孩子当成全家的中心，让长辈围绕孩子转，那么孩子就有可能会成为一个唯我独尊、任性、为所欲为的人。

冬天的一个晚上，妈妈带着4岁的皮皮去朋友家串门。回到家，皮皮突然发现一直攥在手里的一块糖果不见了。那块糖果是妈妈的朋友给的，他的家里没有这样的糖果。发现糖果没有了之后，皮皮急得哭了起来。爷爷、奶奶、爸爸、妈妈都来安慰他，并且给他承诺，第二天一早就去给他买同样的糖果和他喜欢的玩具。但是，皮皮没有丝毫的妥协："我要！我现在就要！"

皮皮在地上打着滚，哭得伤心欲绝，爷爷奶奶、爸爸妈妈看着实在心疼，于是全家人带上照明工具，"倾巢"出动，沿着回来的路进行了"拉网式"搜索。眼看着时间一分一秒地过去，都快午夜零点了，还是没有见到糖果的踪影。妈妈看到因绝望而哭得伤心欲绝的皮皮，终于硬着头皮敲开了朋友家的门……

生活中，像皮皮这样的孩子随处可见，他们做事情时往往对自己不加约束，想怎样就怎样、爱做什么就做什么，不分是非，固执己见，明知自己不对还要继续做下去，总是觉得周围人都有一种为他服务的义务。要是周围的人不满足他一些无理的要求，他们会使出一些手段来威胁别人，如不吃饭、大哭大闹、摔打东西、离家出走甚至自杀，等等。

苏联著名教育学家马卡连柯警告说："父母对自己的子女爱得不够，子女就会感到痛苦，但是过分溺爱却会使子女遭到毁灭。"如果家长无视这种警告，一意孤行地认为只要尽力把孩子的生活道路铺得平平顺顺的，就能保证他们将来幸福健康地成长，势必会影响孩子在各个方面的发展，让他们长大后在社会中失去竞争力。

法国启蒙主义思想家卢梭说过：“幼儿时期是成长中的最主要时期。”调查发现，那些喜欢提出无理要求的孩子意识中的是非观念、道德观念都不是很强，总是喜欢按自己心里想的来，这就需要父母去帮助他们纠正一些不好的观念和行为。如果父母不懂得拒绝孩子的无理要求，选择去迁就他们，无疑就失去了这个教育孩子的最好契机。随着孩子的逐渐长大，是非观念和道德观念逐渐定型，这时候要去纠正恐怕就比较费劲了。

因此，对于孩子无理的要求，父母要果断拒绝，比如孩子看到其他小朋友的汽车模型很漂亮，非要让父母也给他买一个；吃饭的时候看到自己喜欢吃的东西就拿到自己面前，不给其他人吃；吵着闹着非要在吃饭的时候吃冰激凌；等等。对于这些无理的要求，家长是坚决不能迁就的。当然。不迁就的方式有很多种，父母应该谨慎选择。当孩子提出不合理要求的时候，家长不要说教，更不要打骂，正确的做法是对孩子讲清楚不能这样做的缘由，然后温和地加以拒绝。当然，这时候孩子免不了要撒娇，但不管孩子哭的声音有多大、赖得有多厉害，家长在一旁只要耐心等待孩子的情绪平复就好，不要被孩子的情绪所“折服”。

寻找疼爱与规训之间的平衡

人们很长时间以来就知道，一个不被喜爱、触摸和抚慰的婴儿常常死于一种奇怪的疾病，这种疾病最开始被称为“消瘦”。

他们会了无生机地在迎来第一个生日之前便死去。这种感情需求的证据在公元13世纪就已被发现了，当时弗里德里克二世用50个婴儿做了个实验。

他想知道，如果婴儿永远没有机会听到口头语言，他们会说什么语言。为了弄明白这个没有定论的研究主题，他指派养母们给孩子们洗澡，喂他们奶吃，但是禁止她们爱抚、轻拍和与她们照看的孩子说话。

这个实验戏剧性地失败了，因为50个婴儿全部死了。上百个更近一些的研究表明，生命的第一年中母亲和孩子的关系对婴儿的成活来说是至关重要的。

疼爱的缺乏对孩子的影响是可以预料的，但是过度的爱或“超级的爱”也对孩子有危害，这一点却并没有得到充分的认识。有些孩子被爱或以爱的名义出现的东西给毁了。有些美国人在他们的舞台上非常过分地以孩子为转移，他们把自己所有的希望、梦想、期待和抱负都倾注到孩子身上。这种哲学的自然顶点就是对下一代的过分保护。

一位紧张的母亲说她的孩子是她生活中唯一的快乐源泉，在长长的夏日里，她的大部分时间都坐在房间的窗户前，看她三个女儿玩耍。她担心她们可能会受伤或需要她帮助，或者她们可能会骑自行车到街上去。

尽管她丈夫有强烈的怨言，她还是牺牲了她对家庭的其他责任。她没有时间做饭或打扫房间，在窗前看管孩子的任务是她唯一的生活。她被她深爱的孩子可能受到伤害的危险所带来的恐惧紧张折磨着。

童年时期的疾病或突然而来的危险，对于很爱孩子的父母来说总是难以忍受的，但是对于过分保护孩子的妈妈或爸爸来说，哪怕是最轻微的威胁也能产生难以承受的焦虑。不幸的是，父母并不是唯一受罪的人，孩子经常也是这种焦虑的牺牲品。他或她得不到允许去经历合理的危险——一种作为成长和发展的必要序幕的冒险。

同样，对孩子们的任何要求不能拒绝的家庭中，前面所描述的物质问题往往会发展到最严重的程度。孩子情感长期不成熟，是父母过分保护的又一个常见的后果。

在控制孩子的极端家庭中父亲和母亲通常都遵循一种相似的模式，父亲是一个非常忙的人，他深深地陷在工作之中。他从早到晚都不在家，而当他终于回来的时候，他带回家一个装满工作的公事包。他可能经常出差。当他偶尔在家并且不工作的时候，他总是精疲力竭地倒在电视机前看棒球比赛，他不想被打扰。因此，他管理孩子的方式是严厉而冷漠无情的。他时常发脾气，孩子们都知道要与他保持距离。

相反，妈妈则对孩子顺从得多。她的家庭和她的孩子就是她快乐的源泉。事实上，这已经取代了那些从她的婚姻中消失的浪漫火花，她为爸爸为孩子们缺少感情和温柔而担心，她觉得她应该通过向另一个方向倾斜来弥补他的严厉。当他不让孩子们吃晚饭就叫他们上床睡觉时，她偷偷地塞给他们牛奶和饼干。由于她是爸爸不在时唯一的权威，因此在家中居支配地位的旋律是不成章法的宽容。她太需要这些孩子们了，以至于不愿冒险去控制他们。

这样，两个家长权威的象征是相互矛盾的，孩子被夹在他们中间。孩子对任何一个家长都不尊敬，因为一个会破坏另一个的权威。这种自我毁灭的权威形式经常会埋下一颗反叛的定时炸弹，它会在青春期引爆。大家所知道的最不友善、最野蛮的孩子就是从这种极端相结合的家庭中产生的。

如果我们想培养出健康、负责任的孩子，就必须寻求疼爱和控制的“中间地带。”

当你被孩子的反叛挑衅时，要取得决定性的胜利。当孩子问“谁说了算”时要告诉他答案。当他咕哝着抱怨“谁爱我”时，让他投入你的臂膀之中，用感情将他包围。

尊敬孩子，不要伤害他的尊严，并希望从他那里得到相同的东西。这样，你就可以开始享受到有权威的父母地位所带来的令人陶醉的好处了。

告诉孩子可以玩，但作业必须完成

暑假已经过了一半，唐信的作业还没有开始动手完成，每天早晨起来就开始看电视，直到中午才关掉电视。中午吃完饭，刚想学习，又想起来有本好看的漫画书还没看，要不就是想天气那么好，还是去游泳吧。虽然他也觉得这样做不好，但就是忍不住。等到看日历牌的时候才发现，暑假已经过了一半了。

谁不喜欢玩呢？玩，是生活的一部分，尤其对男孩而言，他们能在玩乐中学到很多东西。但是玩要适可而止，不能因为玩耗去了大好时光。

……洗手的时候，日子从水盆里过去；吃饭的时候，日子从饭碗里过去；默默时，便从凝然的双眼前过去。我觉察他去的匆匆了，伸出手遮挽时，他又从遮挽着的手边过去。天黑时，我躺在床上，他便伶伶俐俐地从我身上跨过，从我脚边飞去了。等我睁开眼和太阳再见，这算又溜走了一日。我掩着面叹息。但是新来的日子的影儿又开始在叹息里闪过了。

时光的流逝在朱自清先生的笔下显得残酷而又真实。莎士比亚说过：“在时间的大钟上，只有两个字——现在。”昨天唤不回来，明天还不确定，一个人能拥有、把握的就是今天的时间。如果为了玩而虚度今天，就是毁了昔日成果，丢了来日前程。

古今中外，凡事业有成者，都是十分珍惜和善于驾驭时间的人。他们不但不会让时光虚度，还会想方设法节省时间。

杰克·伦敦从来都不愿让时间白白地从他眼皮底下溜过去，睡觉前，他默念着贴在床头的小纸条；第二天早晨一觉醒来，他一边穿衣，一边读着墙上的小纸条；刮脸时，镜子上的小纸条为他提供了方便；在踱步、休息时，他可以到处找到启发创作灵感的语汇和资料。不仅在家里是这样，外出的时候，杰克·伦敦也不轻易放过闲暇的一分一秒。出门前，他早已把小纸条装在衣袋里，以便随时都可以掏出来看一看、想一想。

鲁迅先生说过：“我把别人喝咖啡的时间都用到读书和学习上。”他几十年如一日，从不浪费一分一秒，为后人留下了700多万字的著作。就在重病缠身的日子里，他还抓紧时间工作和学习，在逝世的前一天，还写了他最后的一篇作品《因太炎先生而想起的二三事》，真是惜时到了生命的最后一息。

为孩子讲一讲这些故事，孩子一定深有感触。告诉孩子，看电视、玩游戏这些事虽然充满了趣味，毕竟不是生命中重要的事情。游戏能给生活带来暂时的快乐，但要让生活充实、总有幸福的感觉，还应夯实知识，奠定高品质生命的基础。

不过，即使孩子懂得了这些道理，真正实施起来还是很难的。孩子活泼好动，自制力有限，这时候就需要家长帮助孩子了。可以在玩之前与孩子做个约定，比如“看电视只看一个小时，要自觉看时间。如果到点了还舍不得关电视，妈妈叫你好吗？”在家长的协助下，加上孩子自我管理的意识，收住孩子的“玩心”并不难。

对孩子一定要严而有格，严而有度

西汉宣帝时一位大官叫疏广，告老回乡后，每天让家人提供酒食，宴请亲朋乡邻。他经常问家里财产还有多少，让家人赶快拿出去卖了，用来供应酒食。

这样过了一年多，家人劝说疏广买一些田地和住宅，留给子孙。疏广说:“我难道老糊涂了，不想子孙的事了？我是想，我们已经有了一些田地和住宅，子孙在那里勤劳，足够供给衣食，与普通百姓差不多。现在再给他们增加什么都是多余的，有了多余的就会使子孙养成懒惰。如果是贤才，财富多了，就会损害他的志向；如果是蠢材，财富多了，就会增加他的罪过。而且，富人容易招群众的嫉恨。我既然没有什么可以用来教育子孙，也不想增加他们的罪过而又被很多人嫉恨。”

一般人富贵了之后自然想到封妻荫子，给子孙留下一笔可观的财富。但是，我们从历史上看，很多人虽然留了很多财富，子孙都不会享受一辈子的。

名门之后，还想高人一等，结果是连普通人都不如，享受少而受苦多，有出息的更少。在东南亚的华侨，有很多人发了大财，但是，传到第二代就破产了。电脑大王王安有若干亿美元的财富，传到第二代也破产了。所谓“富不过三代”，这是一种比较普遍的社会现象。

问题在于这些有钱人把钱的作用扩大化了，把钱看作是万能的，因而忽视了孩子的教育以及独立生活能力的培养。积累财富任其消费，以为这样就是爱心的充分体现。实际上，这是危害子女的普遍做法。“坐吃山空”，即使有金山、银山也会花完的。鉴于古人的教训，我们应该如何为子孙后代计划呢？

我们应该给孩子留些什么？林则徐做出最好的回答：“子孙若如我，要钱干什么，贤而多财，则损其志；子孙不如我，留钱干什么，愚而多财，益增其过。”

曾国藩写信给儿子说：“银钱田产最易长骄气逸气，我家断不可积钱，断不可买田，尔兄弟努力读书，绝不怕没有饭吃。”

为人父母者假若不下苦心培养子女的一技之长，在当今乃至今后“凭本事吃饭”竞争日趋白热化的社会里，你孩子的那个饭碗如何能端得牢靠？你纵然财大气粗富甲一方，给你的孩子留下一座金山，也架不住不肖子孙坐吃山空、挥霍一尽。

养尊处优并不是父母送给孩子的最好礼物，恰恰可能埋下祸根。倒是那些从小就挣扎在社会最底层的人们，没有别的出路，没有任何指靠，只有努力进取，常常可以出人头地建功立业。理性的家长用金钱为孩子健康成长提供基本条件，而不是让孩子在挥霍金钱中消磨意志，自毁前程。

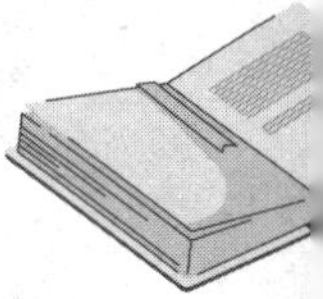

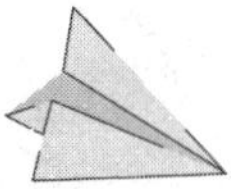

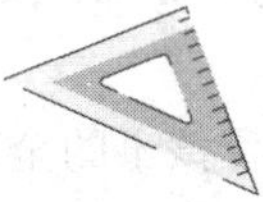

第6章

多些夸奖，对孩子多实施“大拇指教育”

不要吝啬对孩子的欣赏

教育家陶行知曾经指出：“教育孩子的全部秘密就在于相信孩子和解放孩子。”孩子为什么一定要得到赞赏呢？这是教育中一个很必要的手段吗？作为家长如果想弄清楚这个问题，可以先换个角度想想。

试想一下，假如你今天在公司认认真真地做了一份策划书，被同事们大加赞扬，你会怎么想呢？会不会感到很欣慰：我的努力没白费。

再想一下，假如你今天烧了可口的饭菜，家人很喜欢吃，并且在吃完之后，满足地说：“嗯，今天的菜做得真好！”你会不会特别高兴，下次会更加兴致勃勃地为大家做一顿丰盛的美味。

大人们有这样的心理，孩子也一样，他们很需要得到家长的欣赏和认可。也可以这样说，鼓励是每一个人的自然需求，没有一个人受到批评之后还开开心心的。而孩子幼小的心灵更需要受到鼓励，他们期待着鼓励，就好比花草树木期待雨露一样。鼓励能够使孩子的信心高涨，让他们变得更加努力、上进。

著名的成功学大师拿破仑·希尔从小被认为是一个坏孩子。无论家里出了什么样的倒霉事，大家总是认定他干的，甚至连他的父亲和哥哥都认为他很坏。父亲认为，母亲很早过世、没有人管教是希尔变坏的主要原因。对希尔来说，无所谓，反正大家都这样认为，那就当个坏孩子吧。

直到有一天父亲再婚。当继母站在希尔面前的时候，希尔像个枪杆一样站得笔直，他双手交叉在胸前，目光冷漠地看着她，连一丝欢迎的意思都没有。

“这是拿破仑，他是全家最坏的孩子。”父亲这样将他介绍给继母。他的继母看到他之后，眼睛里闪烁出光芒，将手放在希尔的肩膀上。

“最坏的孩子？”继母的语气中带着不相信，“一点儿也不，我看他是全家最聪明的孩子，只是他还没有找到发泄热忱的地方，我想我们一定可以把他的本性诱导出来。”

继母的一番话说得希尔心里热乎乎的，眼泪几乎都要掉下来了。因为在此之前，从来没有一个人称赞过他。他的父亲和邻居认定他就是坏男孩，但继母的赞赏改变了希尔，他一辈子都不会忘记继母将手搭在他肩上的一刻。

孩子内心深处渴望被肯定，被欣赏，就好比植物需要浇水一样。家长的每一次肯定和赞赏都是在给孩子创造一次机遇。

小胖：“爸爸，等我长大了，我要在海边给你买一栋别墅，让你住在里面，每天都能看到大海。”

爸爸：“你现在不要想那么多，好好学习就行了。只要你学习好，爸爸就很高兴了。”

看了上面的这段对话，不知你做何感想。或许我们在话说出来的那一刻，并没有想到，这句话是否会打击孩子的积极性、进取心，但是仔细反思，不难发现，孩子听到之后心里会是多么失望！

如今的家长对孩子寄予了太多的期望，总是幻想着孩子能够朝着自己期望的方向发展，我们的每一个要求孩子都能够做到。所以，我们总是紧绷着弦不放松，孩子进步了，我们赶紧提醒他不要骄傲，总是担心一点小小的成绩会让他忘乎所以。岂不知孩子其实只需要我们的一句欣赏和肯定——你的表现真的很棒，继续努力，相信你还会带给我们更多的惊喜。

假如爸爸在听到小胖那个美好的心愿之后，这样说："小胖，你真是爸爸的好儿子，爸爸等着你给我买一栋别墅，爸爸相信你一定能够做到。"换种说法，对于年幼的孩子来说，却可能完全是两个天地。

所以，从现在开始，不要再吝啬对孩子的欣赏，把对孩子的赞美淋漓尽致地表现出来吧。请相信孩子不会因为赞美过多而忘乎所以，相信孩子会因为你一句由衷的赞美而更加自信的。

让个性腼腆的孩子有话大声说

英国有这样一句谚语："那些生性腼腆的孩子都是真正被上帝宠爱过的孩子。"我们不知道这些孩子是不是真的曾经受过上帝的宠爱，但是我们知道，在很注重人际交往的现代社会，一个生性腼腆的孩子很难得到更多人的帮助和宠爱的。

森森就是一个比较腼腆的孩子，虽然今年已经上初中了，可是从来不敢在班上发言。最让父母头疼的是，他见到熟人也不敢主动打招呼，而是远远地就躲开了。

"教了多少遍了，见了人要主动问好，但现在都还是学不会，真笨！"每当此时，妈妈回到家都要训斥森森一番。

“过来，这是李阿姨，快向阿姨问好。”妈妈跟森森说，森森却一直怯生生地扯着妈妈衣角，躲在妈妈的背后不肯出来。

“为什么别人都能回答出来问题，就你连话都不敢说？这是怎么回事？”爸爸质问的声音极大，儿子泪涌了出来。

面对这个腼腆的孩子，森森的爸爸和妈妈实在是无奈至极，对孩子的未来也很是担忧。

生活中，像森森一样的孩子有很多。这些青少年面对老师、面对爱慕的人、上台演讲前、面试时、比赛前、照相时等，常常感觉紧张、脸红、心跳、发抖，学习或工作中总是惴惴不安，神经绷得如一张满弓，唯恐出了差错……

上中学的小宇以前是个性格很活泼的人，现在见人就怕。面对熟悉的人从对面走过来，内心不知道应不应该和对方打招呼，紧张的情绪就会产生。他发现嚼口香糖可以缓解说话紧张，所以现在一天到晚都要嚼口香糖。他晚上失眠越来越严重，每天觉得自己很难看、声音很难听，所以很少和人交流，看到有人在很流利地谈话就嫉妒。每天要照镜子很多次，不敢笑，也不敢大声说话。学习注意力不能集中，不能回答老师的问题，人际关系非常紧张。

斯坦福大学的心理学家菲力普 · G. 津巴多在《腼腆：事实与对策》一书中提出这样一个研究结论：如果一个孩子从小就很腼腆，而父母却对此漠不关心，那么孩子很可能一生都会这样腼腆下去。

这样的性格给孩子带来的后果是什么呢？津巴多认为，很多性格腼腆的人会终身不婚或者推迟结婚。而且性格腼腆的人大多数收入比较低，他们给人的感觉是无力承担有重大责任的工作。很多性格腼腆的人即便身怀绝技也会因为社交障碍而难以谋到好的职位。

具体来讲，不敢在别人面前大胆说话的原因主要有两种：

第一种，不想露丑。这些人的想法是：只要我不在他人面前暴露自己的短处，别人也就不会知道我的缺点，而一旦在众人面前说话，自己的粗浅根底、拙劣看法都会暴露出来，那么从此以后，哪还有自己的立足之地？所以，不说话更稳妥。

第二种，不知道该如何组织说话的内容，就像被硬拉到一个陌生的世界一样，所以会感到惊惶。

而大体来说，性格腼腆者也分为后天和先天两种类型。有些人生来内向，他们说话低声细语，见到生人就脸红，甚至常怀有一种胆怯的心理，举手投足、寻路问津也思前想后。而大多数是由于教育不当等后天的因素引起的性格腼腆。有些家长对孩子的胆小不加引导，当孩子见到生人或到了陌生的地方，便习惯性地害羞、躲避，没有自信心。孩子随着年龄的逐渐增长，自我意识逐渐加强，敏感于别人对自己的评价，希望自己有一个“光辉形象”留在别人的心目中，为此，他们对自己的一言一行非常重视，唯恐有差错。这种心理状态导致了他们在交往中生怕被人耻笑。

“我总是不敢在人面前讲话、发言，那会使我心跳加快，脑中一片空白……”有人坦然承认自己说话胆怯，而且对此颇为苦恼。

家庭是孩子练习说话的第一个场所，因此父母一定要注意对孩子的引导，尤其对于天生性格腼腆者。在家中，父母可以有意识地鼓励孩子将自己从书中看到的童话故事或者寓言故事等讲给自己听，当孩子讲不出来的时候，也不要对其大声呵斥，要多多提醒、多多鼓励。

在注意家庭培养的同时，也应该鼓励孩子多和同学交流，鼓励孩子广结良友，与朋友频繁往来，这是练习口才的又一途径，对于孩子克服腼腆的性格有着积极的作用。

把赏识当成孩子成长中的需要

孩子就像一棵小树苗，他们渴望被赏识，渴望被肯定，就像树苗渴望春雨一般。赏识和肯定会让孩子更加自信和快乐。因此，父母应该把赏识当成孩子成长过程中的一种必需品。

也许有的父母担心，一味地肯定孩子，会不会让孩子变得禁不起挫折和批评？还有的家长担心给孩子的肯定太多，会让孩子变得特别在意别人怎么看自己。其实这些想法的产生，是因为没有把赏识和表扬区别开来。赏识和表扬还是有区别的。表扬是把注意力放在孩子身上，而赏识则更加注重孩子所做的事情。

有的父母觉得赏识就是说好听的，或者简单戴高帽子，其实是一种错误的理解。孩子的成长离不开家长的赏识，如果家长总是将对孩子的肯定不说出来，会令孩子感到失望和不满。相反，如果家长总是能肯定孩子，用一种赏识的眼光看待孩子，对于开发孩子的潜能有着相当大的益处。

蒋方舟是 90 后的杰出代表，2012 年从清华大学毕业后被《新周刊》聘用，担任新周刊的副主编。一个22岁的少女，毕业即担任副主编，是一个让人吃惊的事情，很多人都觉得蒋方舟是一个天才。

然而儿时的蒋方舟并未表现出过人的天赋，在妈妈眼里，她甚至要比同龄孩子迟钝许多。幼儿园老师反映，蒋方舟内向，不喜欢唱歌跳舞，不像其他小女孩一样爱打扮和出风头。妈妈就想让女儿学点才艺，于是将她送去学电子琴，可是没几天蒋方舟就不学了。不学就不学，妈妈不再勉强，从那以后再也没给女儿报任何兴趣班了。

后来，蒋方舟上幼儿园大班时，班上要准备一次英语汇报演出，老师放假回家了几天，再回来孩子们的英语全都忘了，唯有蒋方舟还记得很清楚。老师便让她当小老师来教其他孩子，蒋方舟居然教得很好。妈妈很惊喜，她开始笃信，女儿确实有语言天分。于是，就有意识地让她多看一些书，还鼓励她去写一些东西。每当妈妈发现蒋方舟写的文章中有好句子时就大声赞扬，在妈妈的赞美声中她越来越喜欢文字，开始涉猎大量的书籍，9岁的蒋方舟就以《打开天窗》赢得了众人的关注，后来也是由于文学上的长处被清华大学破格录取。

蒋方舟很幸运，有一个懂她、赞美她、支持她、发现她优点的母亲。不难发现，蒋妈妈最大的育儿秘籍就是赏识孩子、赞美孩子。

但是不少父母总有这样一个观念，那就是“我的孩子还不够好”，怎么去赏识他呢？其实，每个孩子都有值得称赞的地方，许多父母之所以觉得自己的孩子不够好，主要原因是对孩子的期望过高，已经超过了孩子年龄段应有的能力。所以他们表现一般时，家长就会觉得孩子很差劲，或者没有什么天赋，甚至会出言批评他们。三年级以下的孩子写作文的能力都很一般，这时候如果大人觉得“你写得还没有我好呢”，孩子的自信心和积极性就会受到影响，甚至不愿意写作文，害怕作文考试。

如果家长拿孩子的昨天和今天比较，多看看孩子的进步，就能找到一些孩子的优点、进步来鼓励他。这样的话，孩子会更加有信心。“我发现你说话越来越有条理了”“你讲的故事真有趣”，这样一些具体的表扬和赏识能帮助孩子建立信心。

家长在和孩子交流的时候，若能表现出对孩子的欣赏，他们才能拥有成就感，而有成就感的人就容易对自己产生信心，有信心的人就能爆发出更多的潜能。肯定孩子、赏识孩子，实际上就是为孩子的成长搭建平台。

有一位著名的国际妇女活动专家说：“现代人类最本质的动力不是追求物质与器官的享受，不是满足生理上的需求，而是满足成长的需求和发挥个人最大的潜力。”

总之，懂得赏识和赞美的家长，才能给予孩子及时的鼓励和赞美，获得赞美的孩子才会一点点做得更好，才能一步步在赏识中走向美好的未来。

正确的表扬能使孩子信心百倍

父母什么时候都不应吝惜对孩子的表扬，尤其是对年龄小的孩子。父母常用成人的眼光去看待孩子的行为，认为孩子没有值得表扬的地方。

其实，年龄小的孩子能做好一些“简单”的事已经很不容易了。要知道，良好的习惯和惊天动地的成绩就是由这些“简单”的行为累积起来的。因此只要有助于培养孩子良好的习惯，能增强孩子的自信心，父母就要慷慨地给予表扬。

父母的表扬能使孩子感觉自己就是天才。当然，如果孩子认为自己是一个天才，那他最终就会成为一个天才。相反，如果孩子觉得自己很笨，他也就会真的越来越笨。究其原因，是心理暗示在起作用，遇到难题就害怕，越怕越容易错，错了就觉得自己更笨，进而形成恶性循环。

在现实中，有很多孩子不能正确评价自己，不能正常发挥自己的天赋，反而整天在缺乏自信的状态下死读书，浪费自己的天赋。他们本来用一半的时间就可以取得双倍的学习效果，却从小被挫折感折断了飞翔的翅膀，这实在是非常可惜的。

孩子的天赋就像一棵刚刚萌芽的幼苗，非常需要父母的赏识。

周弘的女儿婷婷双耳全聋，父亲却全力要她相信自己就是天才。她看书忘了吃饭睡觉，周弘马上就对她说，你看，书上写着，看起书来废寝忘食，你不就是这样的吗？你不是天才，谁是天才？这给了她积极的暗示。

他专找孩子的优点，然后让这些星星之火通过家长的“小题大做”无限夸张，使其成为燎原之势。

婷婷第一次做应用题，十道只做对了一道。也许这时候有的家长巴掌就过去了，他却没有。错的地方不打叉，对的地方打了一个大大的钩。然后发自肺腑地在纸上对她说：“婷婷，你太了不起了！第一次做应用题 10 道就对了一道，爸爸像你这么大的时候，碰都不敢碰哎。”小婷婷自豪极了，越来越爱做，一次比一次对的多，升初中考试，数学考了 99 分。

婷婷学写作文的时候，他认为，一篇作文再差，总会有一两个句子写得好吧。他用红笔把好的句子画出来，吃饭的时候，让婷婷当着全家人的面朗读，家人一起为她欢呼。慢慢地，一句变成两句，两句变成三句，她越来越爱写了。

婷婷 10 岁那年，她写的六万字的科幻童话出版了。

1996 年，周婷婷进入辽宁师范大学，成为我国第一个聋人少年大学生。这一年，她 16 岁。

看了周弘积极表扬孩子的事例，为人父母的你有什么感受？有没有感觉到自己很有必要学习一些表扬孩子的技巧，尽快培养孩子正确对待表扬的习惯呢？我们给你提供以下几点建议：

1. 表扬要及时

对于孩子的良好行为，父母要及时表扬。否则，过后再表扬孩子会弄不清楚为什么受到了表扬，因而对表扬不会有什么印象，当然也起不到强化好的行为的作用。因为在孩子的心目中，事情的因果关系是紧密联系在一起的，年龄越小，越是如此。

2. 表扬要具体

表扬得越具体，孩子越容易明白哪些是好的行为，越容易找准努力的方向。

比如，孩子看完书后，自己把书放回原处，摆放整齐。如果这时父母只是说：“你今天表现得不错。”表扬的效果就会大打折扣，因为孩子不明白“不错”是指什么。你不妨说：“你自己把书收拾得这么整齐，我真高兴！”一些泛泛的表扬，如“你真聪明”“你真棒”，虽然暂时能提高孩子的自信心，但孩子不明白自己好在哪里，为什么受表扬，就很容易养成骄傲、听不得半点批评的坏习惯。

3. 表扬要有针对性

有些父母常对孩子承诺“你做了这件事我就表扬你”，“你考试达到90分我就奖励你”。这容易使孩子为得到表扬奖励才做某件事，哪怕这件事是他应该做的，没有表扬奖励他就不做，这将有悖于培养孩子良好的道德行为。

4. 表扬要针对孩子的个性

对性格内向、个性懦弱、能力较差的孩子要多肯定他们的成绩，以增强他们的自信心。对虚荣心强、态度傲慢的孩子则要有节制地运用表扬，否则将会助长他们的不良性格，影响他们的进步。

5. 表扬要适度

过分的表扬易使孩子骄傲自满，过少的表扬也不利于孩子身心的健康发展。孩子的成长需要父母的鼓励和爱抚。

有一个小男孩不管有没有病都向妈妈要药吃，原来这位妈妈平时不常表扬孩子，只有当孩子有病吃药时才说上一句“能干”，致使孩子认为自己什么都做不好，只有吃了药才算能干。因此他经常以吃药来换取表扬，求得心理上的满足。这不能不说是这个父母在教育孩子中的一个失误。

6. 表扬不仅要看结果，还要看过程

孩子常常“好心”办“坏事”。比如，孩子想“自己的事自己干”，吃完饭后，自己去刷碗，不小心把碗打破了。这时父母不分青红皂白一顿批评，孩子也许就不敢尝试自己做事了。

如果父母冷静下来说：“你想自己做事很好，但厨房路滑，要小心！”孩子的心情就放松了，不仅喜欢自己的事自己做，还会十分乐意帮父母去干其他家务。

因此只要孩子是“好心”就要表扬，再帮他分析造成“坏事”的原因，告诉他如何改进，这样才会收到较好的效果。表扬最好在孩子的良好行为之后进行，而不是事先许诺，只有这样才能增强孩子良好行为发生的自觉性。

7. 采用适合孩子的表扬方式

只有采用适合孩子的表扬方式才能收到最好的效果。表扬、鼓励的方式有很多，如：购买图书、玩具、衣服、糖果、饮料等物质奖励；点头、微笑、搂抱、竖大拇指等动作、表情奖励；恰如其分的语言表扬；做游戏、逛公园、讲故事等活动性奖励。所有这些父母们都可以有选择地加以运用。

首先不同年龄的孩子对表扬反应不同，年龄小的孩子，父母的搂抱、亲吻、抚慰等动作，讲故事、做游戏等简单的活动，漂亮玩具、好吃东西等物质奖励就会收到好的效果。

对年龄大的孩子这一套很可能行不通，而这时父母若采用竖大拇指、拍拍孩子的肩膀、微笑等动作，再辅以恰当的语言、孩子喜爱的图书等，却往往会收到意想不到的效果。

每个孩子都有自己的特点，哪种方式最适合你的孩子，就靠你去用心选择了。希望所有的孩子都能在父母适当的表扬声中学会自信、进取、探索和自我激励。

8. 精神激励与物质奖励相结合

精神激励与物质奖励相结合的表扬方式经常被父母们采用，但应该明确，任何时候都应以精神奖励为主。物质奖励一定要伴随言语的指导。不要过分强调物质这一外在的动力，应注意孩子内在动机的培养。在进行物质奖励前后要具体说明为什么，让孩子明白奖励的原因。有些孩子本来可以干好，也应该干好的事情，父母就不应用奖励来刺激，否则会适得其反。

当孩子表现得非常好，或长时间坚持好习惯时，可送给他一个喜欢的小礼物，让他惊喜一番。但这种物质奖励不能滥用，年龄越大的孩子越应采用以精神奖励为主的方法。

接受鼓励是孩子成长的重要内容

鼓励是养育孩子最重要的一面，每一个孩子都需要不断地鼓励。当一个幼儿来到这个世界，他们常会感到束手无策，会发现成人的世界好精彩，而自己的能力却好无奈，连走路这样简单的事，都要慢慢学来，这是多么严酷的现实啊！尽管如此，仍然有勇气进行各种尝试，以使自己适应、融入这个世界。孩子们就是在这种一无所有的情况下，瞄准“万能”的成人世界，开始万里跋涉的。他们从最基本的技能学起，希望有一天能自立，能够成为家庭、社会中称职的成员。在这种时刻，他们最需要的是鼓励，是战胜困难的信心和勇气，这也是我们家长能够给予孩子的最宝贵的支持。

但在生活中，我们往往忽视鼓励的重要性，常忘记鼓励、轻视鼓励。许多家长错误地认为孩子需要的是教育，而教育更多的是训导与惩罚。鼓励是什么，他们不了解，也不在乎。他们没有认识到没有鼓励，孩子就不能健康地成长，没有鼓励，可能使孩子产生不良行为，并由此有许多打击孩子自信心的事情发生，甚至成年人在无意当中给他们设置了许多障碍，而不是帮助他们。我们这样做的根本原因是不相信他们的能力，并在我们的意识中已形成偏见。在一个孩子的成长过程中，接受鼓励而产生自信心是非常重要的成长内容，是我们父母应时刻关注的教养步骤。

小孩子要帮助大人干活是好事，干不好也是正常的，父母应该多加鼓励。让孩子学习做家务，本来就是父母教育孩子的一种手段，何况孩子乐意主动帮忙。所以，当孩子想做事的时候，作为父母要保护他们的积极性，鼓励他们并承认他们的能力。当然，孩子越帮越忙的事是难免的，也确实让父母感到麻烦，但父母只要花点心思，这个问题是能够解决的。

小孩子特别喜欢跟在大人后面“帮忙”，而事实上许多家务如拖地板、洗衣服等对他们来说太大，不切实际地让他们插手，显然只能越帮越忙。这时应该转移他们的注意力，引导其做一些力所能及的、以自我服务为主的事，如整理图书、系鞋带、叠衣服等。

我们还可以让孩子每天干好一件事。我们可以告诉孩子：“宝宝是个好孩子，知道帮妈妈做事。不过你现在还小，一下子做这么多这么复杂的事做不好，你每天只负责做一件事，把它干好，行吗？”孩子高兴地答应了，就要立即开始行动。比如让孩子干的第一件事是整理自己的小书桌，做了示范后孩子像模像样地先擦擦灰，再将零乱的物品放整齐，我们提醒他每天不忘记做，以培养他的责任感，很有效。一件事情做了一段时间，孩子做得熟练了，再替他换个新工作，让他有一个新鲜感，像每天餐前为家人放好碗筷、收拾全家人的鞋子等都是可以让孩子干的事情。孩子受到鼓励，乐此不疲，信守契约，隔一段时间给他换一件新工作，孩子就会在不断的劳动中学到很多新的技能。

我们许多人在小时候，都特别喜欢帮父母做事，可父母一方面嫌我们添乱，总是把我们赶开；另一方面他们又对我们极为关爱，处处照料周到，连自我服务的事也很少做。渐渐地，我们对做家务的事不再关心，也不想帮忙了。从小到大，从饮食起居到择业婚姻，无一不是父母包办代替。这使我们失去了许多磨炼，常常被一种怯懦的情绪困扰，在生活中经常处于一种劣势，不知错过了多少宝贵的机会。

作为家长我们常常有一种先入为主的观念，认为孩子到了某种年龄，才能做某种事情，否则的话，他就是太小，太缺乏能力，不能做这类事情。但是我们往往想错了，往往孩子在那个年龄那个时刻是可以做得很好的，而且他做得还会很有兴趣很有意义，但是我们却人为地推迟了他学会本领的时间，而且最关键的是我们的这种做法，会使孩子失去自信，怀疑自己的能力，减弱他们的进取心，以至我们认为他们应该做某件事时，他们却早已失去了做那件事情的兴趣。这种消极影响将会对孩子的一生都有作用。

王平的女儿4岁了，他吸取自己的教训，2岁起就鼓励她自我服务，虽然她洗脸洗成“落汤鸡”，牙膏一挤一大堆，吐口水吐到了自己的鞋子上，他还是快乐地告诉她：“宝贝真能干，让爸爸来教你，你会做得更好。”女儿的小嘴挺甜，学着她妈妈的样子说：“我下次就会做好的，爸爸请你放心。”由于从小受到鼓励，女儿最快乐的事就是帮大人干活，有时大人到田地里干活，她也拿个小火铲一起挖土。大人做完一件事感到很累很高兴，她也会说，“今天好辛苦，不过你们的功劳也有我一份！”但有的时候，忙没帮上，还搞得家里一片狼藉。这时他和妻子宁可偷偷帮她修正，也不要责怪她或不让她插手。添乱是暂时的，只要孩子有兴趣，就一定会越做越好。

你可能会说，孩子最常发生的事就是看见大人在做事就想帮忙，你在洗衣服，他突然把手放进去搅拌一番，半截袖子也跟着浸在肥皂水里；淘米时，一不小心，他的泥巴手又来了。你也许会说，“快走开，别捣乱。”孩子可能会为此而消沉，以后对家事变得不再关心，而等到父母想要孩子帮忙时，他早已没有兴趣了。事实上，小时候“牵手不动”的孩子，长大也不太会做事。所以父母想要使孩子成为一个能干的人，就要容忍孩子从“帮忙添乱”开始。

孩子刚开始尝试做事，不可能不犯错误。这时家长的态度对孩子今后的发展很重要，你绝不能让孩子脑中留下自己是个“笨蛋”的印象。因为这样会使孩子产生一种自卑心理，严重的会使孩子做什么都会感到自己无能而不想尝试，正确的做法是一件事情失败了只是说明孩子缺乏技巧，这种技巧只是因为父母没有很好地传授或孩子还没有学会。我们应该培养孩子有勇气去犯错误、去纠正和改正错误，敢于从失败中获取成功，从中获取自信力和自尊心。这就要求我们不要讽刺他们，使他们受到不同程度的打击；当然，也不要过分赞扬他们，以免产生骄傲情绪，要使孩子始终充满自信地活着，同时我们还要不断地鼓励孩子的自信心。

你为何不把握具体情况，给孩子以实际指导，鼓励孩子使她由“帮忙添乱”成为真正的小帮手呢？她想洗袜子，你就从抹肥皂到过水手把手地教她；她想烧菜，你就请她到厨房教她先择菜；她想洗碗，你就先教她怎样使用洗涤剂或先洗一只，然后再逐渐增加……

此外，许多孩子之所以越帮越忙，很重要的原因是由于工具不合适造成的，成人用惯了的拖把、扫帚、抹布等工具，对孩子来说太大了，妨碍他们做事，结果才弄得越帮越忙的。欲善其事，先利其器，给孩子准备合适的工具，既是对孩子帮忙做事最大的尊重和鼓励。我们不妨到超市给孩子买来小扫帚、小簸箕、小拖把等做事工具，让孩子用起来得心应手，我们干家务活时，她也兴致勃勃地擦自己的小桌子小凳子，收拾自己的小床、抽屉等。凡事没有生来就会的，总是要经过不断地学习和摸索。我们应该多一分耐心，多一点宽容，恰当地引导，不但使孩子能掌握一定的劳动技能，同时还能培养起劳动观念、劳动习惯和责任感以及对父母辛劳的理解。

相信孩子，肯定孩子的能力

做父母的必须适时调整自己对孩子的态度。当孩子外出时，最好少一分叮咛，多一分信任，让他觉得自己已长大，而担起一份责任。家中有些事情，可以询问或倾听一下孩子的意见，并对他的想法或主意给予相当的重视，使他感觉到自己在家中的地位与重要性。为了培养孩子的责任心，遇到某些事情，做父母的还可有意识地把半大的孩子推出去先抵挡一阵，自己不妨晚点再挺身而出。

闲谈时，让孩子逐步了解家庭经济和父母的工作等情况，可让他们发表意见，处理一些事情，逐步让孩子知道自己在家的重要地位。随着孩子年龄的增长，要引导他们学会用自己的眼睛去打量周围的事物，用自己的头脑去思考所遇到的问题，要给他们相应的自主权，同时相应地增加孩子对家庭与社会的义务与责任。

把他当作一个有责任的人来看待，当作自主自强的人来看待。尤其是男孩子，更不愿意自己总是处于被保护的地位。再说你也不可能跟随孩子一辈子。随着孩子年岁的增长，要教会孩子自己保护自己，为防止上当受骗，从小告诉他们不要贪小便宜，不要接受别人的东西，不要跟陌生人走；让孩子懂得遇事不可慌张，不要冲动，要冷静，要理智等；教给孩子一些基本的生活经验和智慧并让他自己在生活中获得成长。

许多父母认为，家庭教育是一种生活中的随机教育。换句话说，家庭教育的“一招一式”要时时注意培养孩子适应社会生活的需要，培养他们能够独立生活的本领。这种教育思想说起来简单，但做起来却常被一些家长有意无意地忽略掉，抑或出现偏差。因此，父母要认识孩子成长的阶段性，教育的随机性要与孩子成长的发展性相结合。

孩子出生后最先开始的教育要提倡说行，反对说不。当孩子出世后，你开始尽心尽力地进行哺育，问题也开始产生了：喂饭时，孩子的小手要抓饭勺；高兴时，小手要挥，要抱住小脚丫往嘴里送；稍大些，孩子会手脚并用了，一有机会，就爬来爬去。此时大人可别说不，担心汤勺扎了嘴，责怪说“不许抓”；害怕孩子乱爬摔下床，制止他“别爬了”。

父母认为孩子“行”还是“不行”，对孩子一生的影响都很大。父母的赏识与放手，对孩子发出的是“我能行”的正面信息，使孩子慢慢建立起“行”的意识；父母过度的担心和保护，对孩子发出的是“我不行”的负面信息，使孩子真的认为自己“不行”。

有一个男孩，从小家里人都说他勇敢，他也就自觉不自觉地把自己当成勇敢的人。一个星期天，母亲带他去公园玩。公园里有一座天桥很高很高，桥板又窄又长，两边围着护网。虽然如此，走上去还像走钢丝一样，令人心惊胆战的。开始走上天桥，他很害怕，母亲鼓励他说：“你行，想上去就上去吧！”在妈妈的鼓励下，孩子走上桥，自己给自己打气，心里想着“我不怕，一定能行”，一步一步地试，终于勇敢地走了过去！那种惊险的感觉让孩子觉得自己真行。

这就是相信孩子能行产生的力量。每个孩子都有很多潜能，潜能的发挥与成人对他们的赏识分不开，投以欣赏的眼光，孩子就会创造出奇迹。

在日常生活中，应给予孩子以足够的自由与民主，让他们充分运用各种感官，自己观察、自己思考、自己想办法、自己做决定、自己动手操作。总之，自己的事情自己干，这对于培养孩子良好的非智力因素很有好处。因为在孩子“我自己来”的过程中，不仅培养了孩子解决问题的能力，对于开发孩子的智力有好处，而且使孩子养成了独立自主的习惯，避免了孩子的依赖性。然而，一些家长认识不到孩子的这种“我自己来”的精神的作用，总是担心孩子“累着”，担心孩子吃苦，因此处处包办代替，哪怕是穿衣脱鞋也处处代办，这样是不利于孩子健康成长的。

告诉孩子他非常棒

当一个孩子相信自己可以成为天才，他就会有更高的自我期望、更远大的理想和更充足的自信心，即便他不会像自己预想的那样成为天才，也一定可以在处理任何事情时彻底发挥自己的潜能。家长如果教育孩子的方法得当，即便再普通的孩子也会变得不平凡。

美国的罗杰·罗尔斯是纽约第 53 任州长，也是纽约历史上第一位黑人州长。他出生在纽约声名狼藉的大沙漠贫民窟，这里环境肮脏，充满暴力，是偷渡者和流浪汉的聚集地。在这儿出生的孩子从小耳濡目染逃学、打架、偷窃甚至吸毒等社会现象，长大后很少有人会获得较体面的职业。然而，罗杰·罗尔斯是个例外，他不仅考入了大学，而且成了州长。

在就职的记者招待会上，到会的记者提了一个共同的话题：是什么把你推向州长宝座的？面对 300 多名记者，罗尔斯对自己的奋斗史只字未提，他仅说了一个非常陌生的名字——皮尔·保罗。后来人们才知道，皮尔·保罗是他小学的一位校长。

1961年，皮尔·保罗被聘为诺必塔小学的董事兼校长。当时正值美国嬉皮士流行的时代，他走进诺必塔小学的时候，发现这儿的穷孩子比海明威等“迷惘的一代”还要无所事事，他们不与老师合作，他们旷课、斗殴，甚至砸烂教室的黑板。皮尔·保罗想了很多办法来引导他们，可是没有一个是有效的。后来他发现这些孩子都很迷信，于是在他上课的时候就多了一项内容——给学生看手相。他用这个办法来鼓励学生。

当罗尔斯从窗台上跳下，伸着小手走近讲台时，皮尔·保罗说:“我一看你修长的小拇指就知道，将来你是纽约州的州长。”当时，罗尔斯大吃一惊，因为长这么大，只有他奶奶使他振奋过一次，说他可以成为五吨重的小船船长。这一次皮尔·保罗先生竟说他可以成为纽约州的州长，着实出乎他的预料。他记下了这句话，并且相信了它。从那天起，“纽约州州长”就像一面旗帜，罗尔斯的衣服不再沾满泥土，说话时也不再夹杂污言秽语。他开始挺直腰杆走路，表现出从未有过的自信。在以后的40多年间，他没有一天不按州长的身份要求自己。51岁那年，他真的成了州长。

美国著名的教育专家老卡尔·威特曾经说过“每个孩子都是天才”。在卡尔·威特的儿子降生之前，他就坚信：对于孩子的培养，教育方法至关重要。只要教育方法正确，普通孩子也会成为不平凡的人。

心理学研究表明，在0~4岁的儿童中间，弱智儿童仅占到1.07%，而超常儿童仅有0.03%。也就是说，约99%的孩子都不存在智力问题，而是爱学不爱学、会学不会学的问题。从这个角度来看，就可以得出每个孩子都是天才的结论。无论是父母还是孩子自身，我们都必须改变对天才的看法，也只有这样，我们才能真正培养出天才。

正因为如此，父母在培养孩子的过程中应该注意的是，一定要坚信自己的孩子是最优秀的，承认孩子的优点，对他的未来充满信心，给他积极的暗示。如果自己的孩子与别人的孩子在某一方面相比成绩平平，甚至远远不如别人的孩子，即便在这个时候，我们也要坚信自己的孩子在另外一些方面一定有他的过人之处，只是现在还没有表现的机会而已。作为家长，我们可以仔细观察孩子闪光的一面，肯定孩子身上的优点。

任何成功孩子的家长都有一个共同的特点，那就是恰到好处地夸奖孩子。恰到好处的夸奖是指父母的夸奖不仅能够起到良好的激励作用，还能够起到警示的作用。小卡尔·威特在《卡尔·威特的教育》一书中认为家长教育孩子最重要的方法是鼓励孩子去相信自己，只有当孩子对自己充满了信心，父母才能够培养出优秀的人才。而孩子对于自己的信心来源于父母有效的夸奖，这种有效的夸奖就是恰到好处的夸奖，是能够给孩子带来自信但又不至于造成自傲的夸奖。

经常给孩子积极的暗示能够激发他身上的潜能

心理暗示具有强大的力量，这并非夸夸其谈，而是千真万确的。

曾有一位电气工人，他在工作中碰到一根不带电的电线，但他以为是通电的，在这种自我暗示下，立即倒地身亡，身上呈现出一切触电致死的症状。

曾有一位工人，不慎将自己反锁在冰库中，平时冰库中的温度是零下10℃，身为工作人员的他熟知这一点。但他只能在这里过一夜，直到第二天上班时间别的工人将冰库打开。他感到越来越冷，最后终于不抵严寒，被冻死了。第二天，当别人打开冰库时，发现他浑身发青，眼睛圆睁，具有明显的冻死症状，可大家不解的是：昨晚冰库并未冷冻，内部温度足有20℃，可他是怎么冻死的呢？

像那个电气工人是被自己电死的一样，冰库中的也是被自己冻死的。这说明心理的暗示作用能够强烈地影响人体的生理功能。

同样的道理，积极的暗示能够激发出孩子的潜能。

鲁西南深处有一个小村子叫姜村，这个小村子因为这些年几乎每一年都有几个人考上大学、硕士甚至博士而闻名遐迩。方圆几十里以内的人们没有不知道姜村的，人们会说，就是那个出大学生的村子。久而久之，人们不叫姜村了，大学村成了姜村的新村名。

姜村只有一所小学校，每一个年级一个班。以前，一个班只有十几个孩子。现在不同了，方圆十几个村，只要在村里有亲戚的，都千方百计把孩子送到这里来，人们说，把孩子送到姜村，就等于把孩子送进大学了。

在惊叹姜村奇迹的同时，人们也都在问，都在思索：是姜村的水土好吗？是姜村的父母掌握了教孩子的秘诀吗？还是别的什么？

假如你去问姜村的人，他们不会告诉你什么，因为他们对于秘密似乎也一无所知。

在二十多年前，姜村小学调来了一个五十多岁的老教师，听人说这个教师是一位大学教授，不知什么原因被分派到了这个偏远的小村子。这个老师教了不长时间以后，就有一个传说在村里流传。这个老师能掐会算，他能预测孩子的前程。原因是，有的孩子回家说，老师说了，我将来能成数学家；有的孩子说，老师说我将来能成作家；有的孩子说，老师说，将来我能成音乐家；有的说，老师说我将来能成钱学森那样的人，等等。

不久，家长们又发现，他们的孩子与以前不大一样了，他们变得懂事而好学，好像他们真的是数学家、作家、音乐家的材料了。老师说会成为数学家的孩子，对数学的学习更加刻苦，老师说会成为作家的孩子，语文成绩更加出类拔萃。孩子们不再贪玩，不用像以前那样严加管教，孩子也都变得十分自觉。

家长们很纳闷，也将信将疑，莫非孩子真的是大材料，被老师破了天机？

就这样过去了几年，奇迹发生了。这些孩子到了参加高考的时候，大部分都以优异的成绩考上了大学。

现在看来，也许大家都能看破“天机”了。正是老师给了学生积极的暗示，使他们在数学、语文等特定方面刻苦努力，发掘出了孩子的潜能，将他们在那些方面的优势充分发挥出来。

如果你的孩子对自己说：“我很自信，对未来充满信心。”那么在说此话时，他的脑海里一定会浮现出自己愿意成为自信者的那么一幅清晰的图画。如果他通过适当的行为、具体的行动不断督促自己加强心目中这一形象图画的话，那么最终这幅图画会变成活生生的现实，会创造一个积极进取、乐观向上的孩子。

如果孩子持之以恒地向自己“灌输”某些积极的形象和建议，那么他们就逐渐成为他的行为、经历，以及性格特点不可分割的部分。

第7章

少些批评，责备孩子讲求艺术和策略

教育孩子，别总否定他

比起夸奖，批评要更加慎重。尤其是不讲求方法的批评，对孩子人生的打击有着不可估量的影响。

有一个男孩，在他15岁的时候就被关进了少管所，一个记者了解了他的成长经历，觉得他其实是一个挺可怜的孩子。

这孩子小时候有些顽皮，常常受到父亲的打骂，在班里也常被老师当着全班同学批评、讽刺、嘲笑。慢慢地他开始处处与老师对着干，不久就被校长在全校点名批评，回家后再次被父母打骂。在这样的恶性循环里，他最后沦为罪犯。

“一个孩子在成长中没有遇到一点爱的温暖，却总是遭遇到充满恶意的批评，试问他怎么能改掉自己的坏毛病呢？”这个记者在后来的报道中写道。

是呀，孩子有错难免，如果家长只会打他，学校老师也总是批评他，那么这孩子会怎样呢？他得不到鼓励和支持，他消极到了极点，他觉得自己永远不能重新来过，于是就彻底地放弃了自己。因此，作为父母，在教育孩子的过程中，别总是否定孩子、打击孩子。

简单、粗暴的责骂不但不能使孩子从心底认识到自己的错误，体会到父母对他们的关怀，而且最容易引起孩子的反抗。这种叛逆心理一旦形成就会造成父母和孩子间的隔阂和冲突，孩子越来越不听话、越来越叛逆，越是批评他，他越是和你对着干……

对于孩子来说，他们由于不成熟、自我约束力差、自我纠错能力差，所以在成长过程中不但错误百出，而且经常犯同样的错误。

有些家长对孩子过于苛刻，孩子一出错，就频繁地批评，意图把孩子“骂”醒。但不管是苦口婆心地骂，言词激烈地骂、还是语重心长地骂，这种带有批评成分的教育效果都不十分理想。原因是什么呢？那就是没有人喜欢一直被否定，孩子尤其是如此。因此在批评孩子的时候，不妨换一种方式，试试“三明治”，这样孩子就比较容易接受。所谓“三明治”是指把批评的内容夹在表扬之中，从而使受批评者愉快地接受批评。

这种现象就如三明治，第一层是认同、赏识、肯定对方的优点或积极面；中间这一层夹着建议、批评或不同观点；第三层是鼓励、希望、信任、支持和帮助。

这种批评法，不仅不会挫伤受批评者的自尊心和积极性，而且还会使其积极地接受批评，并改正自己不足的方面。

此外，父母还需要注意的是，在批评孩子的时候，一定不要攻击孩子的人品和性格，侧重指出孩子在某件事上的错误之处并和孩子一起找到解决问题的办法。简单地说，就是对事不对人。

14 岁的乔楠热情开朗，非常讲义气，喜欢结交各种各样的朋友。有一次，同班的王伟被隔壁班的一名大个子同学欺负，乔楠很生气地带着王伟去找隔壁班的大个子理论，最后，竟然打了起来，乔楠失手将王伟的头打伤了。

“你这孩子，怎么就把同学的头打伤了？什么时候变成这样子了？一身的流氓气！”乔楠的妈妈知道这件事情后赶到学校，大声地批评起了乔楠。

乔楠很委屈。他觉得自己只是不小心，妈妈怎么能说自己是流氓呢？于是就不想听妈妈说话了。

不得不说，很多父母在孩子犯错以后，总是急于批评孩子，以为这样孩子就可以知错了。殊不知，不当的批评方式只会让孩子更加委屈，也起不到任何教育效果。

因此，家长们一定要谨慎地批评孩子，注意要对事不对人。试想一下，故事中乔楠的妈妈如果告诉乔楠“帮助同学是正确的，但是不能因此而和别的同学打架，更不能把人打成重伤”，乔楠还会感到委屈吗？会听不进去妈妈的话吗？

不要总表现出对孩子的“不满意”

有一次，几十个中国孩子与外国孩子一起进行某项测验，并且把自己的分数拿回家给父母看，结果中国的父母看了孩子的成绩之后，有80%表示“不满意”，外国父母则有80%表示“很满意”。而实际上，外国孩子的成绩不如中国孩子的成绩好。

中国的父母总是习惯用挑剔的眼光来看待孩子，也用一样的眼光来看待周围的世界，而外国的父母则习惯用欣赏的眼光看待自己、孩子和世界。其实，大多数的中国父母的这种不满意，并不是真的对孩子自身不满意，而是和别人家的孩子对比得出来的不满意。而这种对比很容易导致中国父母在教育孩子时常以别人为标杆。

人家的孩子去学钢琴，自己的孩子也一定要学；人家的孩子考上了哈佛，自己的孩子也一定要朝着这个目标努力才行……一些学生与父母产生矛盾，就是因为父母总是和别人比这比那的。“别人是别人，我是我，为什么我不能按照自己的情况来设计人生呢？”

父母应该明白，每个孩子都应该有自己的人生轨迹，也应该坚持做自己，而不是与别人比来比去。想想欧文·柏林那句著名的“做你自己”，这是他送给作曲家乔治·格希文的忠告。

柏林与格希文第一次会面时已经很有声誉了，而当时的格希文只是个默默无名的年轻作曲家。柏林很欣赏格希文的才华，说自己愿意以格希文目前收入三倍的薪水请他做音乐秘书。可是柏林也劝告格希文：“最好不要接受这份工作，如果你接受了，最多只能成为欧文·柏林第二。要是你能坚持下去，有一天，你会成为第一流的格希文。”格希文接受了忠告，最终成为当代极有贡献的美国作曲家。

父母对孩子总表现出不满意的另一个重要原因就是，很多父母望子成龙的心太过迫切，似乎容忍不了孩子暂时的落后与普通的成绩，往往把自己急躁的心情压在孩子身上，但是这样的做法常常会适得其反。

每个父母都希望自己的孩子成龙成凤，可是，仔细看看周围，哪个成龙成凤的孩子是在父母的不满意声中成长起来的呢？孩子需要得到父母的肯定和鼓励，一个在父母不满意声中长大的孩子，只会越来越让父母失望。

身为父母应该学会多想想孩子的优点，感谢孩子给你的生活带来了幸福和快乐，不要总是想着孩子这也不好那也不好。如果总是抱怨，对孩子和家长而言，生活又有什么乐趣呢？调整好自己的心态，少责骂批评孩子，多给予他们赏识与鼓励，他们才会有信心继续向前走。

建议比批评更管用

环环才上初中，聪明乖巧，与父母的关系比较融洽。可是最近一段时间，她发现自己变得有些讨厌妈妈了，因为妈妈总是动不动就批评自己，即使是当着同学和朋友的面，也不会考虑自己的感受，而且有时候说话还特别难听。为此，她已经跟妈妈吵了几次架了，母女关系有些紧张。

一个周末，妈妈以命令的口气要求环环帮自己把一些特产送到同一城市的姑姑家去，可环环因为要和同学一起去逛街而拒绝了妈妈的要求。

“你怎么这么不懂事，妈妈今天要忙着加班才让你干一点儿活，你就这样。”妈妈当着同学的面批评环环。

“我就是不去！我们早就约好了，而且昨天也跟你说了，东西你可以明天再送嘛！”环环说。

“可妈妈明天还有其他事情啊，这么大的孩子了，一点都不懂得体谅父母。”妈妈再一次批评了环环。

“我也想体谅你啊，可你每次跟我说话都是这样的语气，还动不动就训人，爸爸就不会这样！”说完，环环拉着同学走出了家门。

父母批评和教育孩子，多是想用“苦口良药”和“逆耳忠言”帮助孩子成长，然而，这样良好的期待，却常常难以收到好的结果。

其实，父母想要帮助孩子培养良好的品格、教养、习惯，促使孩子茁壮成长，完全可以将自己对孩子的批评转换成给孩子的建议。以下的方法可以参考：

第一，在教育孩子之前，父母最好能仔细回想一下孩子的行为，并用描述性的语言记录下来，如孩子当时做出了怎样的举动、错误和表现糟糕的地方在哪里、其中有哪些可取之处和需要改进的地方，要保持客观的态度。

第二，父母在教育孩子时，最好能用商量和建议代替严厉苛责。同时，父母还可以多用正面积极的语言来描述孩子的行为等，并且在认同孩子的基础上，给孩子提出建议。在提建议时，讲自我经历的方式和激发孩子自我思考的方式都是可以用的。父母讲究恰当的方法是孩子健康成长的重要保障，在家庭教育时一定要注意这一点。

林芳平时学习很努力，也积极上进，在班上颇有人缘，新学期开学的时候还被同学们推选为班长，她因此非常高兴，学习和办事也更有热情了。可最近的一段时间，她却总是没精打采的。

爸爸看到女儿的这种神情，就关切地问：“最近怎么了？好像没以前精神了。”

“嗯，最近出了点状况。前不久因为一些小误会，我和班上的学习委员闹矛盾了，心情受到了很大的影响，常因此而心不在焉，以致耽误了学习，上次的考试也没有考好。老师为此特意找我谈话了。”说完这些，林芳准备接受爸爸的批评。

不过爸爸并没有批评女儿，反而表扬她说：“你能认识到自己的问题和错误很好。现在最重要的还是要想办法补救啊，既然你已经意识到两人发生冲突的原因是误会了，爸爸建议你先及时向同学承认错误，然后再端正自己的学习态度，爸爸相信你一定能做好的！”

林芳听了爸爸的表扬，感觉自己又有动力了。

随着孩子一天天长大，他们需要理解周围世界的规则，需要了解周围人对他们的期待，需要了解自己和别人怎样相处，需要通过一些途径来衡量自己不断增长的技巧和能力。他们需要了解的太多，于是就免不了遭遇一些错误和困难，可能会因此而感到沮丧，失去自信。作为家长应该理解孩子这时候出现的错误和困难，多给孩子一些建议，少给孩子些批评，让他们明白更多的道理，同时不会对自己失去信心。

惩罚太多，必将失去效应

有一个成语叫“物极必反”，意思是说，事物发展到极点，会向相反方向转化。这个成语提醒我们在做事情的时候一定要把握好尺度。其实，在教育孩子的过程中，尤其是惩罚孩子的时候，父母也应该记住这样一个简单朴素的道理。

在一个教育咨询中心，我们听到一位母亲一脸焦虑地说：

“老师，你不知道，我们家孩子真是太让我和他爸爸头疼了。那孩子总是在外面跟同学打架，每一次他打完架，就会被他的爸爸暴打一顿，总以为他会改，可是，他爸爸已经打过他无数次了，他还是没有改掉。老师，你说怎么会这样？”

“那是因为他的爸爸惩罚他的次数太多了，他都习以为常了，不再害怕了，自然也就不会将纠正坏习惯这件事情放在心上了。”老师一针见血地指出了问题所在。

很多家长都会有这样的疑惑：不是说好的教育应该赏罚结合吗？怎么罚来罚去，孩子就是屡教不改呢？这时候，就需要家长静下心来，反思一下自己了。是不是将惩罚当作家常便饭了？如果是，那可就太糟糕了。

这是因为大凡孩子知道自己犯错的时候，内心都有一种要接受惩戒的准备，会担心家长如何处置自己。在这种担心之下，他自己也会告诉自己以后不要再犯了，没有人喜欢不安的感觉。可是，如果家长经常性地惩罚孩子，孩子就会预料到家长惩罚的手段，他们心中的那种不安会逐渐消失。一旦这种不安消失了，孩子就开始无所顾忌了。对孩子的惩罚如果太多，孩子就会形成一种印象：惩罚其实没什么大不了的。

“改了能怎样，不改又能怎样，大不了就是来一顿打呗，没什么大不了的。”一个经常偷盗的孩子对心理医生这样说道。

“可是，这件行为本身就是错误的，难道你没有意识到吗？”心理医生对孩子说。

“我父亲并没有告诉我这些，他知道我偷东西以后，每次都只是将我暴打一顿。刚开始我还很害怕，后来打的次数多了，也就无所谓了。”孩子一脸无辜。

如果家长经常惩罚孩子，不仅起不到教育的效果，还会对孩子的身心发展造成伤害，影响孩子未来的人生。科学调查显示，那些在经常性惩罚中成长起来的孩子，要么性格内向，害怕与人交往，总是表现出极其不自信的样子，要么就性格暴躁，具有暴力倾向。

此外，经常惩罚会让孩子对父母产生敌对情绪，从而影响亲子关系的和谐。

张飞上初二了，粗心大意，经常闯祸。每次遇到事情只会跟妈妈说，从来不喜欢和爸爸多说一句话。每次只要爸爸走到他跟前，他就戴上耳机，这让爸爸很伤心。

“你把耳机摘下来。”爸爸有些生气了，命令道。

张飞装作没有听到。爸爸更生气了，从张飞的耳朵上取下了耳机。张飞又把耳机戴上了，结果这次爸爸给了他一巴掌。张飞大声喊叫起来，妈妈赶紧跑来解围。

“你怎么就不能跟爸爸好好说话呢？”妈妈一边安慰张飞，一边问张飞。

“我就是讨厌跟他说话，他总是不分青红皂白地打我。不管我犯错想改还是不想改，他就是觉得犯了错就该打。”张飞跟妈妈说道。

张飞的爸爸听了张飞的抱怨后，不好意思地低下了头。

总之，家长千万别忘记了，惩罚教育是一把双刃剑，因此家长在用的时候，尽量要谨慎，否则不但实现不了惩罚孩子的初衷，还会伤害孩子、伤害自己。

责备要裹着“糖衣”

很多时候，孩子总是急切地想去做好一件事情，可是，孩子的能力毕竟是有限的，因此，经常是好心办了坏事情，这时候，父母该怎么办呢？

父母都是爱孩子的，这点毋庸置疑。可是在孩子好心办了坏事情的时候，怎么样才能让孩子感受到来自父母的爱呢？这就需要技巧了，可以说在责备中裹一层“糖衣”就是其中的一种技巧。

其实，大多数孩子努力去表现都是为了能得到父母的夸奖，虽然，有时候努力并没有得到相应的结果，甚至还带来了意想不到的坏结果，可是孩子的出发点还是好的，如果父母只是一味地责备孩子，就会让孩子觉得很委屈，觉得父母是不爱自己的。相反，如果在责备孩子的同时，能看到孩子是出于好心，表扬一下孩子，孩子就会很高兴，而且下次再去做同样事情的时候，一定会小心翼翼。

此外，如果父母在孩子好心办了坏事情的情况下，只是一味地责备孩子，很有可能打击到孩子积极探索的兴趣。

孩子天生就对这个世界充满好奇，而且，也可以说是股好奇的力量推动着他们去做一些自己有时候力所不能及的事情，如果父母这时候只是一味地批评责备孩子，慢慢地孩子就再也不敢去尝试了。

小飞4岁了，每次看到妈妈浇花，他总是去抢妈妈手里的水壶。妈妈觉得自己拿的水壶太沉，于是就给小飞买了一把小的水壶。小飞很高兴。可是没过多久，小飞就把小水壶扔了，不想去浇花了。

原来，小飞在浇花的同时总是会把自己弄一身的水。

“小飞，你小心点，不要给自己弄一身的水。”

“都给你说了，这个活你干不了，你怎么就是不听呢！”

妈妈总是在责备小飞，这让小飞感到很委屈，也不想去浇花了。

总之，父母应该用一种全面的眼光去看待孩子好心做了坏事情这件事。对于好心要表扬，不能因为结果一味地责备孩子，可以试着在责备中夹杂着表扬。

主动认错的孩子不批评

我们常说“能认识到自己的错误的就是好孩子”，其实，让犯错的孩子认识到自己的错误，主动认错，是最好的一种教育方式。因为，只要孩子主动认错，一般都会真心实意地去改正。因此，只要孩子主动认错，父母也就不需要再去批评孩子。

怎么引导孩子，让他认识自己的错误，进而主动承认自己的错误呢？看看下面一位妈妈的教养心得吧：

浩浩今年4岁了，他喜欢一边洗澡一边玩水。这次，他又在洗澡的时候找妈妈要杯子。妈妈把杯子递给了浩浩，提醒他一句：“你要快点洗澡哦，《亮剑》马上就要开始了，加快速度吧。”

一听说看《亮剑》，浩浩马上爽快地答应妈妈："好的，我今天不玩了。"说罢，他就把杯子扔到了澡盆外面的地方，只听"咣当"一声，杯子撞击地面的声音格外刺耳。

妈妈当然对浩浩这样的做法很不满意，她真想把浩浩狠狠地揍一顿，但怎么能这么粗鲁呢？妈妈想了一下，换了一种方式。

妈妈说道："哎呀，你看，杯子怎么哭了啊？它摔得那么重，一定很疼吧。你说杯子是不是不高兴了，以后就不理我们了呀？"

浩浩正在水里扑腾，听妈妈这样一说，脸色马上就沉重下来，他说："妈妈，我们向杯子说对不起可以吗？它能原谅我吗？"

其实，妈妈听到浩浩说这些话，心里已经很高兴了。但是，她不想让孩子的道歉成为一句空话，应该让他知道他犯下错误所造成的后果。

于是，妈妈说道："它还没有原谅你呢，它还在哭呢。虽然你现在跟它道歉了，但是它刚刚摔得很疼，它还很伤心，没有办法原谅你啊。"

浩浩眨着眼睛问道："为什么还不原谅啊？"

妈妈说道："你刚才摔疼了它，虽然你跟它道歉了，但是它的疼痛感并没有消失，它怎么能原谅你呢？你想想看，如果是妈妈摔了你，给你道歉，你就不疼了吗？"

浩浩听了之后，脑袋摇得像个拨浪鼓一样。

"那你今后还摔杯子吗？"妈妈赶快趁热打铁地问。

"不摔了。"浩浩干脆利落地说道。

"嗯，这就对了，妈妈就知道你以后不会再摔了。好吧，现在你继续洗澡吧。"

浩浩拾起杯子递给妈妈："把杯子放好吧，我以后再也不摔了。"

妈妈很高兴，说道："嗯，刚才杯子跟我说过了，它已经原谅你了。"小家伙很轻松地笑了。

这位妈妈的做法很值得提倡，孩子自己知道错了，并且能够主动认错，这是最好的结果。那么，究竟要怎样才能让孩子从心底认识到自己的错误，并且真心实意地改正呢?

1. 给孩子知错的机会

当孩子犯错误的时候，家长先不要怒斥孩子的错误行为，而是要先心平气和地说出自己的感受，这样，孩子就可以从家长的话中，认识到自己所犯的错误对他人造成的影响，从而心甘情愿地主动认错。所以说，孩子不知道认错，其实大多数时候是家长没有给他们机会。

2. 教孩子知错认错的方法

有些家长可能会有类似疑问：孩子明明知道自己错了，但是嘴上就是不肯说出来，这是怎么回事呢?其实，这是件很正常的事情，因为认错也是需要勇气的，而且也是伤面子的事情。如果孩子因为爱面子不肯认错，说明他是一个自尊心非常强的孩子。另外，有些孩子不肯认错，是担心认错以后，家长不再爱他了，遇到这样的孩子，家长不妨试着告诉孩子，只要知错能改，大家都是喜欢他的。总之要让孩子明白，认错并不是一件很丢人的事情，相反，知错能改是一种可贵的品格。

3. 通过换位思考的方法，让孩子知道犯错所造成的后果

孩子由于年龄小，缺乏判断力，不知道因为他的错误会给人带来很多伤害，所以家长有必要将错误的结果告诉孩子，让孩子想办法弥补自己的过错，并对自己所犯的错误承担责任。只有这样，孩子嘴里的“下次再也不犯了”才会成为事实，因为他已经感受到因为他的不小心，会给别人造成伤害。

犯错并不可怕，相反，孩子正是在错误中不断成长的，如果把错误看成是正确的铺垫，那么家长有责任让孩子知错并认错，因为只有知错的孩子才会去改正，有了改正的决心才不会再犯同样的错误。

过分苛责会伤害孩子

欣欣从小学二年级就开始练小提琴，一方面出于自己的爱好，另一方面一直寄希望于文艺特长能对高考录取有利。

一次，欣欣正在练琴，妈妈在旁边监督，发现她的手形不对，就用一根小棍挑起她的手腕，大声训斥：“跟你说过多少次了，手形不对，你怎么总是出错啊？”

欣欣马上改了过来，但是不一会儿，手形又不对了，妈妈又大声训斥她：“已经跟你说过了，要保持正确的手形，怎么就是不听啊。你有没有脑子？真不配做我女儿！”

欣欣听了很不高兴，也有些着急，于是她对妈妈喊道：“我不练了，我就是练不好！我真不配做你女儿！”说完就跑了出去。

其实刚开始练琴时，欣欣很有积极性，每天都主动要求练

琴，并且很努力。但在妈妈一声高过一声的训斥中，弹琴变成了欣欣最讨厌的事情。后来，她对钢琴完全失去了兴趣。

有教育专家曾指出，责备孩子的声音越小，孩子听得就越认真，教育的效果也就会越好。相反，责备的声音越大，孩子就越害怕，教育的效果也会越坏。美国教育专家的一项研究结果也显示，不仅肉体处罚会伤害到孩子的心理健康，父母对孩子动不动就破口大骂，也有可能在以后的岁月给孩子造成心理伤害。孩子容易犯错，并经常犯同样的错误，父母的批评教育是必要的，但也应该讲究方式方法，千万不要对孩子过于苛责，更不能对孩子说一些尖酸刻薄的话，因为苛责孩子只会伤害孩子的心灵，加重其心理压力，甚至还会影响孩子的正常发育和成长。

小乾的爸爸是单位的领导，做事雷厉风行，有胆识、有魄力，平时很受人尊重，可是小乾呢，却个性胆小懦弱，做事没有主见，在公众场合表现得羞怯焦虑，他爸爸对此有些恼火。

有一次，小乾的爸爸带着儿子去参加单位举办的一个聚会，聚会上有抽奖和互动环节，结果抽到了小乾的名字，要求小乾表演一个节目，之后就能领取一份奖品。

爸爸对小乾说："真幸运，儿子，去表演一个节目吧！"

可小乾的脸马上就红了，他向爸爸求救道："爸爸，我害怕在别人面前表现，你帮帮我吧。"

小乾的爸爸一听这话，气就不打一处来，数落小乾道："你怎么这么没出息，真不配做我的儿子。"

自从爸爸这次在大庭广众之下训斥了小乾之后，小乾表现得更加不自信，更害怕与人接触了。更为可怕的是，只要爸爸一大声说话，小乾就害怕，父子俩几乎不再交流了。

父母过分地苛责孩子是不能教育好孩子的，还会折磨和伤害孩子，因此父母在家庭教育中一定要避免这种行为的出现。具体来说，父母可以从这些方面加以努力：

1. 指责要适时和适度

父母在指责孩子的时候，一定要选对时间和地点，不要在众人面前指责孩子，不要在孩子吃饭的时候指责孩子。尽量选择在孩子自己的房间里，选在孩子睡觉前，一般而言，这时候孩子的心情比较平静。而且，要尽量选在孩子犯错的当天或者第二天对孩子进行一些必要的批评教育。此外，尽量少对孩子说一些过分的话和苛责的话，比如“我怎么养了你这么笨的孩子”之类的很伤害孩子自尊的话。

2. 要控制好自己的情绪，语气尽量温和

一些父母在得知孩子犯错时常常会情绪激动，不分青红皂白就责骂和数落起孩子来，结果孩子往往因惧怕而一句也没听清楚，根本起不到教育的效果。如果父母能控制好自己的情绪，孩子会更好地明白父母的意思和自己的错误所在，从而改正错误。

3. 在指责孩子的同时，要耐心地指出孩子错误

指责孩子，一定要给孩子指出他的行为或者言语错在哪里，否则只是一味地告诉他“你今天表现得不好”或者“你做的那件事情糟糕透了”，会让孩子觉得莫名其妙。因为，有可能他并没有意识到他做错了什么，或者在他看来，那些行为并不算是错误，这就需要父母很明确地告诉孩子。总之，想教好孩子，父母一定要注意自己的态度，千万不能过分苛责。

不对孩子说“你比别人差”

美国心理学家华生有这样一句名言：“给我一个儿童，我可以把他变成律师、医生，也可以把他变成小偷、强盗。”很多父母对此不以为然，认为这只是一个心理学家的谎言。可是，稍微有点心理学知识的父母就会相信，这不是一个谎言，而是一个真理。其实，华生的理论是有着科学的心理学依据的，这个依据就是心理学上经常说的“心理暗示的作用”。

心理学上根据暗示的不同效果将暗示分为积极暗示和消极暗示两种，前者多数是一种鼓励性的暗示，可以给人带来正面的情绪，而后者多是一种批评性的暗示，带给人们的也多是负面的影响。

其实，很多家长在教育孩子的时候，都会不知不觉地使用暗示。但是，调查发现，很多父母都不同程度地在使用“消极暗示”，甚至直接说出“你比别人差”这类话语。如此这般的消极暗示，给孩子的成长带来了很大的负面影响，比如造成孩子情绪低落、产生自卑心理等。

下面用一则真实事例来说明这个问题。

娟娟在班里的学习不是十分出色，属于中等的水平，可是娟娟很努力。有一次娟娟得了个进步奖。拿到家后，娟娟的妈妈拿着奖状看了又看，开心地说：“真好，我家娟娟的努力见到成果了，娟娟会越来越有出息的！”娟娟的爸爸则赶紧把客厅墙壁上最显眼的位置给擦了擦，拿来胶水，把奖状贴了上去，还说：“以后这面墙就留给娟娟贴奖状了……”为了表扬娟娟，爸爸妈妈还带着娟娟专门到外面玩了一天，为娟娟下一步的学习加油。

娟娟的同学芳芳，平时成绩也是一般，但是期末考试考得不错，老师为了鼓励她给她发了一个进步奖。拿到奖状那天，芳芳特别兴奋，一路小跑回到家给爸爸妈妈分享她的喜悦。没想到，爸爸接过她的奖状后，冷冷地扔出一句：“我说你比别人差吧，以前就没得过奖状，得一次还是个进步奖，有什么好高兴的！”听到爸爸这样说，芳芳特别伤心，因为自己确实没得过奖状，也许自己真的就比别人差、比别人笨吧。于是，整个假期芳芳都闷闷不乐的，也没怎么学进去。

在父母不同态度的影响下，娟娟和芳芳一个是好好学习了一个假期，一个是天天郁闷，没有学进去。开学后，娟娟的成绩又进步了，而芳芳却一直情绪低落，甚至产生了厌学情绪。

我们常常说，孩子就像一张白纸，他的人生会画出一张什么样的画卷，全在于父母的教育。如果一个父母经常告诉自己的孩子“你比别人差”，孩子自己也会慢慢觉得比别人差，相反，如果父母鼓励孩子，说“你可以成为一个优秀的人”，孩子自己也会朝着优秀的方向去努力。所以，如果你希望自己的孩子越来越有出息的话，那就不要告诉你的孩子“你比别人差”，而是要多一些积极暗示。

2005年1月，赖斯出任美国国务卿，她是继克林顿政府的马德琳·奥尔布赖特之后美国历史上第二位女国务卿。谈起自己的成功，赖斯曾经深情地感谢她母亲在她的成长过程中对她的教育。她说："在我很小的时候，母亲带我去买衣服，有一次，我看中了一件很漂亮的衣服，想去试衣间试一下，可是，却被服务员拒绝了，原因是这件试衣间是专门供白人使用的。我的母亲听了后很生气，大声呵斥了那个服务员，然后坚持要我去那间试衣间试衣服。等我出来的时候，她告诉我：'记住，你不比任何人差，任何人都无法让你感到自惭形秽。'我一直记得母亲这句话，也相信我可以做到很优秀。"

每个父母都希望自己的孩子优秀，可是却很少有人像赖斯的母亲一般将优秀根植在孩子的内心深处。其实，优秀也是一种习惯，当你在孩子的内心种下这颗种子的时候，他就会努力使自己优秀。所以，不要去打击孩子的信心，不要给他的内心种下自己比别人差的种子。

不要轻易给孩子扣上"不自觉"的帽子

现在城市里的孩子，在物质方面几乎什么都不缺，但就是缺少理想和追求。人没有理想往往就会觉得百无聊赖，最常见的表现就是做什么事情都没有自觉性。

孩子的自觉性主要表现在生活和学习的各个方面：按时完成作业，自觉复习功课，自己准备学习用具，收拾屋子，自己洗衣服甚至做饭等等。但是，很多孩子都做不到这些，他们整天玩也玩不够，既不愿意学习，也不喜欢干活，甚至吃饭穿衣、上学都需要父母"拨一下，动一下"，让不少父母很头疼。

其实，任何自觉性都不是天生就有的，是需要后天逐步培养的。

1. 用兴趣去培养自觉性

要培养孩子的自觉性，首先要培养孩子良好的兴趣和动机。

有些父母过早地让孩子认字、计算、背诗、阅读，过分地强迫孩子学习知识，占用了孩子的娱乐时间，因此孩子对学习产生厌烦情绪，总是想玩，学习的时候常常是“身在曹营心在汉”。

有些父母把孩子管得死死的，除了读书就是练琴，没有其他娱乐活动，孩子的生活很枯燥很乏味，因此对一切都不感兴趣，更不知道学习是为了什么，为什么要学习。

事实上，要想让孩子养成自觉的好习惯，只需让他对自己要做的事产生兴趣。人人都喜欢做自己感兴趣的事，也只有感兴趣的事我们才能做得更好更快。对孩子来说更是如此。在兴趣的指引下，孩子做起事来就会像做游戏一样开心，无须大人催促。可以说，孩子对做某件事产生兴趣的同时，其自觉性也就形成了。所以，有时候父母无须刻意去培养孩子的自觉性。

2. 要求孩子严守规矩

一件事情决定了，开始做了，就一定要有始有终，绝不允许半途而废。孩子如无故中途退却，就应受到批评，父母绝不可迁就。因为有了第一次迁就，就会有第二、第三次。先例一开，再想要孩子遵守规定或制度，或者要求孩子、教育孩子要坚持，克服困难，把一件事情做得有始有终，把功课做完，就困难了。

通常，父母给孩子制定的规定和制度，孩子却很少能遵守和实行。原因就是孩子缺少管束，想干什么就干什么。作为父母，由于对子女的疼爱，经不住孩子的纠缠，而放松尺度，不能严格要求。

计划和生活学习制度，对孩子确实是一种约束，但对孩子的健康成长却是必不可少的。

有的父母在带孩子到公园里玩耍时，看见孩子闯到花圃里摘花也不喊住；或去喊了一声。孩子不听，就听任孩子摘花。让孩子养成一种不讲社会公德或不遵守公共规则的恶习，以致有的孩子长大后开始犯罪。

所以为了把孩子培养成对社会有益的人，父母对孩子都应该从小就严格要求他们守规矩，遵守学校或家里规定的生活和学习制度。当然这在开始时会有些困难，看似不近人情。但只要父母坚持、循循善诱，孩子一旦养成习惯就能自觉遵守了。而且一旦戒除了孩子的任性，他们在学习和以后的工作上也就都会坚忍顽强且自觉。

3. 通过学习增加自觉性

如今，父母对孩子的关注、照顾和保护，可以说是无以复加了，孩子根本没有机会自己去处理自己的事。有不少孩子已经十多岁了，却从来没有洗过衣服，更没有做过饭，对学习以外的东西一窍不通。

父母应该知道，孩子的运动能力、动手能力、协调能力等都对学习有很大的帮助。道理很简单，如果孩子很懒，学习上就必然会遇到很多问题，遇到了问题而懒得去努力解决，其结果只会使他们对学习失去兴趣，当然更不可能自觉去学习了。

有的孩子知道学习的重要性，也有一定的学习能力，但就是缺乏足够的自觉性，没有自制能力，不能很好地约束自己。出现这种情况，父母们应该怎样做呢？没有什么做法适用于所有的家庭，所有的孩子。

因此，根据父母们的经验，我们只能提出一些零碎的建议：

（1）帮助孩子正视自己的学习状况

学习上不够自觉的孩子通常很“迷糊”，就是对自己的学习状况并不十分了解，或者懒得去正视它。

燕子是个语文数学都难得及格的女孩子，不到万不得已，她决不肯做作业。别人问她成绩怎样，她总是说：“马马虎虎。”是虚荣吗？不是，是“迷糊”。了解自己学习状况的孩子会觉得有很多事要做，不了解的孩子整天好像“啥事都没有”。在这种情况下，父母要帮助孩子正视自己的学习状况。

乐乐爸爸的做法值得父母们借鉴。每天乐乐做完作业，爸爸都要跟他一起，把当天学习中好的地方和不好的地方（如写错的字、做错的题）用本子记录下来，做成一个学习进展情况的“家庭档案”。乐乐做作业之前、考试之前，都会去翻档案。翻了档案，不用爸爸督促，乐乐就知道自己该做什么了。

（2）适当地陪伴孩子学习

这一点建议在教育理论的教科书上找不到多少理论依据，但许多成功的父母们却经常谈到这一点。孩子有很强的依赖性，父母适当的陪伴，是对他们的一种支持。如果大人都在看电视，或已经睡觉了，却让孩子一个人在写作业，这样孩子很容易把学习当成一种苦差事，自觉性就很难形成。

在陪伴孩子的时候，父母只需关心孩子学习的过程，而不必太在意学习的具体情况。否则，孩子就会觉得你是检查员、监督员，比老师还老师，那你的陪伴可能就会是一件有害无益的事情。

（3）给孩子自觉的机会

父母一旦觉得孩子不够自觉，往往就会迫不及待地替孩子安排好一天当中的学习生活："你应该先做什么，做完后再做什么！……"这样就剥夺了孩子自己做事情的机会。时间长了，孩子们也就懒得自己动脑筋安排自己的学习了——反正父母会操心的！这样，孩子是无法自觉的。

可见，最好还是让孩子自己安排什么时候开始做作业，什么时候开始看书，用多长时间。父母的工作就是督促孩子按自己制订的计划去学习，该做什么，就做什么。

（4）监督孩子说到做到

既然做什么事是由孩子自己安排的，他就没有理由不照着做。在这一点上，做父母的是丝毫也不能跟他妥协的。养成了该做什么就做什么的习惯，孩子自然会自觉学习。

当然，为了保证孩子真正能按照自己说的去做，一开始，父母应注意不要让孩子给自己做出要求偏高的计划。

批评孩子要让他清楚自己错在哪里

批评和表扬一样，也是教育孩子的一种手段，但批评更需要艺术。

孩子有孩子的逻辑，当他意识到自己犯错误的时候，他并不惧怕批评。相反，他倒觉得不批评、不严厉才是不对的。这时，他们往往习惯于等待大人们的批评。当然，他也会耐心地接受批评。

不可否认，也有畏惧批评而掩饰错误并逃避责任的孩子。这很可能是由于以前父母们批评不当引起的。遇到这种情况，父母们就更应该注意批评孩子的方式和手段，是发火、是揭穿、是暴跳如雷，还是涓涓细流，都是父母值得思考的问题。

孩子也是人，他也有自尊。在批评孩子的时候，要让他清楚自己错在哪里，为什么不应该这样做，以后应该怎样做；要让孩子知道，自己年龄小，遇到不懂的事应向别人请教，应请求别人帮忙，而绝不能背着大人去做一些力不能及的事。

博博是个好奇心很强的孩子，遇到问题，他总喜欢搞个明白。有一次他拆开了家里的小闹钟。但他毕竟还小，弄得零件到处都是，小闹钟再也装不上了。

妈妈下班一进家门，就看到他在桌子前手忙脚乱的样子。看到妈妈进来，他还想把面前的东西都藏起来不让妈妈看见。

又好气又好笑的妈妈把博博拉到身边，摸着他的头，说："博博，你在做什么啊？"

博博抬头看了妈妈一眼，马上低下头小声说："妈妈，我把小闹钟拆了，可怎么也装不上了。"

通过博博的话和他的表情，妈妈知道孩子已经知道自己错了，也就没有必要再说他做错事了之类的话了。为了让博博明白自己为什么错了，错在哪里，应该怎么做，妈妈这样告诉他："你不应该在大人不在的时候拿工具去拆东西，不管是小闹钟还是别的什么东西，因为你还小，还没有力气像大人一样使用那些工具。即使是一把螺丝刀，拿不稳，也很容易把手划破，那妈妈该有多担心，多心疼啊。好孩子不应该让爸爸妈妈为他担心，因为博博已经长大了，应该学会自己照顾自己了。”

“还有，你年纪还小，做事也不能像大人一样周全细致。你看现在，零件撒了一桌子，有的找不到了，小闹钟还能正常工作吗？不能正常工作就不能准确告诉我们时间，这样会给爸爸妈妈上班带来很大的不便，每天不都是小闹钟叫我们起床的吗？”

说完了这些，博博抬起头，对妈妈说：“妈妈，我知道错了，你罚我吧。”“

知道错了就是好孩子，妈妈不会罚你的。”

妈妈接着问他，“为什么要拆小闹钟呢？”

“因为想看看小闹钟里面是什么，为什么到时间就会响，而且平时总是滴滴答答地响，那个小针还会不停地绕圈。”博博这么说的时候，一脸的兴奋，让人更不忍心去责罚他了。

“博博想知道小闹钟为什么这样，想法是好的。因为妈妈教过你要细心地观察周围的事物，不懂就问，可见博博是个非常爱探索爱学习的孩子。”

博博听到这些果然十分高兴，妈妈知道，博博又对自己充满了信心，认为自己确实是个爱学习的好孩子。

最后，妈妈并没有忘了补充一点：“但下次可不要这样了。你可以等爸爸妈妈回家后问嘛，而且你要求看看小闹钟里面的样子，爸爸妈妈一定会满足你的愿望的。爸爸妈妈在你身边，看着你拆，装不上的时候爸爸妈妈还可以帮你啊。”

为了加深对这件事情的认识，妈妈自己动手尝试着把闹钟重新装了起来。可里面的一些零件不见了，装好后，小闹钟也不能像以前一样继续工作了。在妈妈装的过程中，博博一直在一边看着，妈妈趁机告诉他这个零件是做什么用的，那个是做什么用的。还有小闹钟之所以不能像以前那样是缺了什么。尽管博博并不能完全听懂妈妈的话，但他还是学到了很多东西。

孩子们在一起玩儿，难免会出现吵闹、打架等情况。如果是自己的孩子不对，父母就要及时批评孩子，让他认识到这样做绝对不可以。如果确实是别人的不对，在批评完后，父母也应告诉孩子，当别人骂了你或者侮辱了你，你不愿意容忍并没有错，错的是你在处理这件事情上用错了方法。做人要有自尊，但不能用别人对待你的不好的方式去回敬别人。好的方法有很多，比如和他讲道理，或者告诉大人，让大人告诉他这样做不对。实在都行不通，可以不和他一起玩，直到他认识到自己的错误。

父母们都有这样的经验，体罚孩子的效果并不是很理想。孩子都很倔，打他时他忍着，受不了也会哭，但总是一副不服气的样子。遇到这种情况，父母可以和孩子共同探讨惩罚孩子犯错误的方法。使孩子意识到，这个规则并不是父母强加给他的，而是他自己也认可的。

当然，父母首先要让孩子明确，今后绝对不会再打他了，以前打他的方式是不对的，是爸爸妈妈的不好。孩子自己为自己制定的惩罚措施，自然会自觉去执行。这在一定程度上也可以培养孩子养成自觉的好习惯。

说了这么多，那么，到底如何批评孩子才能收到好的效果呢？父母们可以从以下几个方面多加注意：

1. 先表扬后批评

在批评孩子时，不要不分青红皂白地猛训一通，应采取先表扬后批评的方法，这样孩子容易接受，效果也会好一些。

2. 当场批评

对孩子如不当场批评，就不会有什么明显的效果。因为上午发生的事情，下午或晚上他很可能就已经忘掉，这个时候去批评，就不会起到教育作用。

3. 批评时全家人的意见、态度要一致

孩子做错事的时候，若家里人有的批评，有的庇护，这样是不可能教育好孩子的。另外，也不要全家一起批评孩子，这样会使孩子不知该听谁的好。最好由一人作代表，其他人采取赞同的态度。

4. 父母的批评不应重复

孩子做错了事，应当避免多次重复地教育。如父亲说过了，母亲又接着说；今天说过了，明天又接着说，这样容易伤害孩子的自尊心，尤其对比较敏感的孩子应当特别注意。

5. 情况危险时要严加批评

比如孩子在公路上和水沟边玩耍，或是玩火、耍弄利器时，都可能发生危险，要坚决地加以阻止。

6. 不要在饭前批评

在饭前批评孩子，既影响孩子的食欲，也影响孩子的情绪，有损孩子的身心健康。

7. 批评孩子时不要感情冲动

要记住，批评不是目的，而是为了使孩子改正恶习，斥责与发火应是两码事。更不要动手就打，张口就骂，否则容易使孩子形成抗拒心理。

8. 父母应注意家丑不外扬

孩子做错了事，能在家里进行教育的，就不要拿到外面去。有的父母常吓唬孩子说："明天我到学校去告诉你的老师。"这样会使孩子产生恐惧或不信任感，其结果并不理想。

9. 掌握批评孩子的分寸

孩子犯了错误，父母如果批评过于严厉，会挫伤其自尊心，甚至引起反抗；而如果批评不力，则不能震撼其心灵，他就会觉得无所谓。

因此，父母必须从爱护孩子的角度出发，严肃而又中肯地指出其错误所在、错误性质和危害，彻底揭穿其借口抵赖的心理，并帮助他找出今后改正的办法。这样做，一般都可以达到批评教育的目的。

千万别当唠唠叨叨的家长

小乐早晨喝完牛奶，就在手上抛着空盒子玩，结果一不小心把空奶盒从窗户扔了出去，正巧打到了楼下的一位阿姨。

"谁这么没素质啊，乱扔东西，哟，里面还有牛奶呢！脏了吧唧的……"

小乐一下子意识到自己闯祸了，蹲在窗户边上不敢出声。在一旁的爸爸觉得这是一个很好的教育机会，马上斥责孩子："你知道这种行为的严重后果吗？"

“爸爸，我错了，我以后再也不往楼下扔东西了！”小乐眼里的泪水已在打转。

“幸亏你扔的是纸盒，如果是铁盒、砖块呢？还不把人家脑袋砸破？万一砸出人命来怎么办？人人都往楼下扔东西，这个小区还能住人吗？”

“爸爸，我不是故意的，我正在……”

“大人说话的时候，你哪来这么多借口？越来越没有规矩了。”

“你自己犯了错误，不知道主动道歉，却躲在这里，我平时是怎么教育你的？”

……

爸爸连连质问、斥责，由纸盒到铁盒到砖块到人命开始，说了一大堆，越说越严重，越说越玄乎，似乎还不满足，仍想继续“发挥”，但这时，孩子变得充耳不闻，表情淡漠了。

经常有家长抱怨，说孩子不听话，一件事讲好几遍也听不进去，讲多了，孩子又嫌自己烦。其实家长应从自身找原因，唠叨的家长往往是缺乏自信、性格软弱的人，对自己讲过的话、做过的事不放心，才会一遍遍地重复。孩子生长在这样唠叨的环境中，很难形成良好的个性。

有位老师，问过孩子们这样一个问题：“你们最喜欢什么样的爸爸妈妈？”结果比较集中的回答是：

“平时不多唠叨，而当我心里有事时，他们——”

“说得上话！”

“救得了急！”

“解得了闷！”

……

家长在教育孩子的过程中，的确需要讲究“语言艺术”，唠唠叨叨只会给孩子带来厌烦的情绪。

孩子犯错误后，你还念念不忘地时常唠唠叨叨？

当孩子想要与你交流时，你是否依旧自顾自地说，而不在意孩子的沟通意念？

唠叨并不只是一再地重复要求，即使你加了“请”这个字，还是充满了命令的意味。一个不停地嗡嗡作响的警报器是每个人都想关闭的。

孩子不会主动穿衣服、洗澡、做功课、做家务、使用电话、吃饭、打扫、练习诸如此类的事情，家长要有耐心去教导他们，但是有的家长常会唠唠叨叨的。假如你认为有必要重复地说，那就要改变唠叨的语气，换成提醒的口吻。唠叨让人很厌烦，易招致怒气，提醒的语气听起来则有帮助的意味，表示你和孩子站在同一边。

避免唠叨还要切实地提供孩子自由选择的空间。“记住在晚餐前将你的房间清理干净。”这样的说法能给予你的孩子喘息的空间，尽可能不要经常要求孩子立即做某件事，没有人会对俯冲的轰炸机有正面回应的。

没有人喜欢被控制，也没有人喜欢人家告诉他应该怎么做，特别是如果这个“吩咐”并不有趣。家长越逼迫，孩子就越抗拒，不管他年纪多大，但这并不仅是因为他不想做。

还有一点相当重要，家长必须要注意，那就是孩子想要亲近你又不要太依赖你的持续内心交战。“唠叨”刚好就给了他推开你的机会，但这是不好的开场。而尽可能在降低冲突的气氛下帮助你的孩子学会独立，给孩子一些喘息的空间，让他感觉自己有选择权会相当有帮助的。

总之，在这个问题上应注意以下几点：

（1）别只盯着孩子的缺点。

（2）批评的话不宜多。

（3）注意和孩子的情感交流。

另外，父母对孩子讲话也要经过大脑过滤，要讲在点子上，不要信口开河。说出去的话、下达的命令要算数，不能出尔反尔。

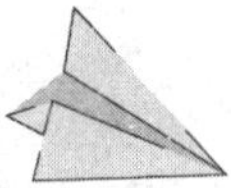

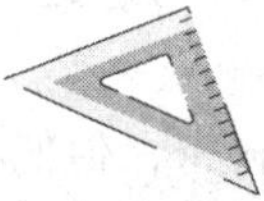

第8章

放下架子，跨越代沟与孩子平等交流

隔代没有隔阂，必须坦诚相待

青春期的孩子总是充满了小秘密，他们有时候不愿意跟自己的父母分享，喜欢把这些小秘密写进日记本，也有一些父母很想知道这些小秘密，甚至偷偷地看孩子的日记。

虽说是为了了解孩子的需要，可还是惹得孩子很反感，甚至引起父母和孩子之间的激烈冲突。

“妈妈，你不能偷看我的日记！”

“这怎么能说是偷看呢？妈妈看女儿的日记是为了多了解女儿，及时发现你有什么需要帮助的问题，妈妈好来帮助你。”

“我不需要你的帮助！你如果再偷看我的日记，一切后果你自己负责！”

看到平时乖巧听话的女儿现在大声地和自己叫喊，妈妈也生气了：“怎么说话呢？我是你妈妈，难道我把你养这么大，还没有资格看看自己女儿的日记吗？”

女儿哭着叫喊：“那是我的秘密，是我的隐私。你没有经过我的允许，就擅自偷看我的隐私，你是侵犯人权！我是你的女儿，可是我也有人权！”

说完，女儿一把夺过妈妈手里的日记，跑到自己的房间里躲了起来。

细心的家长可能会发现，孩子有时喜欢在自己的抽屉上加一把锁头，似乎里面藏着什么秘密。他们试图在宣告自己已经有了一个隐秘世界，不想再像童年时期那样，心里有什么话都向父母“敞开心扉”。

这是一种正常的心理特征，它体现了一种独立意识和自尊意识。

每个人都有被尊重的需要，包括孩子在内。虽然每个人的财富、地位、能力、学识等有诸多差异，但在人格上是平等的。维护自尊是人心里强烈的愿望，因此满足被尊重的需要对人来说显得尤为可贵。心理学家将人的这种心理规律称为尊重需要定律。马斯洛认为，尊重需要得到满足，能使人对自己充满信心，对社会满腔热情，体验到自己活着的用处和价值。

然而，在许多父母眼里，子女似乎永远是长不大的孩子，他们没有意识到孩子已经有了自己独立的人格和自己的隐私，随意闯入孩子的“隐秘世界”，包括拆信、监听、悄悄查看日记以及打骂、禁闭等，这样只能伤害孩子的自尊心，影响他的心理健康。

尊重孩子的“隐私世界”，不仅保护了孩子的人格，还能为父母赢得孩子的敬重和爱戴。

父母想看孩子的日记，无非是想了解他的生活，窥探他的心思，可是这种做法往往是最糟糕的。

如果真想听听孩子的心里话，不妨拿出诚意来，光明正大的询问总比嘀嘀咕咕的猜疑要好很多。

其实，要做到隔代没有隔阂的和谐亲子关系，坦诚相待是必需的。当父母很坦诚地把自己对孩子的担忧和关心，用一种温和的态度告诉孩子的时候，孩子自然也会心平气和地试着把自己的秘密告诉父母。

美美已经15岁了，最近每天晚上总是很晚才回家，这让父母很担心。妈妈觉得女儿可能是交了男朋友了，为了验证自己的这个想法，准备去看看女儿的日记，结果被爸爸拦住了，觉得还是直接问女儿比较好。

“美美，爸爸想问你一件事情。”

“问吧。”

“你是不是交了男朋友了？”爸爸说话的声音很温和。

“没有的事情。”

“那你怎么每天都回来得这么晚？”

“这，这……”

“我们也是关心你，害怕你遇到困难。”

“没有困难，我只是跟我们班上的三个同学去练习舞蹈了，因为妈妈不喜欢我跳舞，所以我才不敢跟你们说的。”

如果每个父母都能尊重孩子的意愿，坦诚相待，在和孩子交谈的过程中，把孩子当成一个独立的个体，真正地关心孩子，试问孩子怎么会不愿意把自己成长中的事情跟父母分享呢？

和孩子开展平等的对话

美国总统西奥多·罗斯福有句名言：“在儿子面前，我不是总统只是父亲。”他也将这句名言彻底贯彻在日常的生活中。他很少用命令的口吻跟孩子说话，而是一直以一种平等的姿态与孩子进行平等的交流。

作为家长应该主动理解孩子，相信孩子，做孩子的知心朋友。如果将自己放在了高高在上的位置，那么在和孩子的交流中很容易让孩子产生距离感甚至逆反心理，这都不利于家庭教育。那怎么样做到与孩子进行平等的对话呢？

首先，要意识到孩子是一个独立的个体，不是父母的附属品，这是与孩子进行平等对话的前提。可是，许多父母习惯于把孩子看作自己的一部分，甚至是自己的私有物。在他们的父母的潜意识里，都有这种想法，即孩子是自己的骨肉，把孩子养育大，就可以把孩子当成自己的私有财产，自己也当然有权利处置安排他们的人生。

其次，在与孩子的交流过程中，要认真地去考虑孩子的想法，不要总觉得他只是个孩子，什么都不懂。这也是中国式家长最常犯的一个错误。

赵丽丽是一名小学三年级的学生，很喜欢跳舞，可是她的妈妈总觉得跳舞太耽误学习，不让她去学习。

有一天，赵丽丽想了很久，决定跟妈妈订一个约定，那就是如果她努力学习，成绩一直能保持在班级前五名，妈妈就得答应她让她去学习跳舞。晚上，等妈妈下班后，赵丽丽很高兴地走进了妈妈的房间。

“妈妈，我想跟你签个合同。”

“小孩子家的，知道什么是合同吗？好了，别闹了，去看书去。”

“可是，妈妈……”

“好了，哪里来的这莫名其妙的想法。学习去吧。”

赵丽丽沮丧地离开了妈妈的房间。

就这样，赵丽丽的妈妈失去了一次与孩子交流的机会。

最后，也是最重要的一点，那就是要放下自己家长的权威，允许孩子自由地表达自己的想法，尤其是在关于孩子的未来发展这种事情上。父母爱孩子，总是替孩子考虑和安排，却很少去考虑孩子的想法和感受，只要父母觉得好的，孩子就必须接受。其实，这对孩子非常不公平，而且也影响亲子关系，很多青春期的孩子和父母的矛盾冲突激化也是源于此。

而这种矛盾其实并不难化解，那就是和孩子展开平等的对话，听听孩子的想法，考虑一下孩子的感受。

欢伊又和妈妈吵架了，妈妈和欢伊都搞不清楚，这是从欢伊上初中以后，她们母女之间的第几次“战火”了。

这一天，欢伊和妈妈吵完架后，很生气地回到了自己的房间中，过了很久，欢伊从房间中又走了出来，递给了坐在沙发上正生气的妈妈一封信。

妈妈：

请原谅我不想再称呼你为亲爱的妈妈，这是因为我也很生气。我们总是吵架，没完没了。用爸爸的话说是“三天一小吵，五天一大吵”。我对于我们之间的吵架也很厌烦。

我知道你是爱我的，做很多决定也是为我好。可是我还是受不了你总是自作主张地替我决定未来。

我觉得自己已经不是一个小孩子了，我有权决定我自己的一些事情。就比如今天这件事情，我不想整个暑假都学习，我想出去旅游，而且爸爸都已经同意了，那为什么又给我报了一个补习班呢？

妈妈，我希望你不要生气，不过我还是要说一下我的这个要求：请你考虑一下我的感受，尊重一下我的决定。

最后，谢谢妈妈。

你的女儿：欢伊

当欢伊的妈妈看到这封信后，开始陷入了思考：也许，真的应该用一颗平等的心来和欢伊谈事情了。

爱，只有在平等的时候才会给人最温暖的感动，不平等的爱有时候带给人的压抑要比温暖更多。

父母对孩子的爱也是如此，只有父母平等地对待孩子，和孩子交流，放下家长的架子，孩子才会更多地感受到父母温暖的爱。

松开手中捆绑孩子的线

向往自由是人类的天性，18 世纪法国大革命的思想先驱卢梭曾经说过“不自由，毋宁死”，来表达自己对于自由的渴望。

孩子也有同样的渴望，他们也需要自由的空间。尤其是随着年龄的增长，孩子更不喜欢大人打扰属于自己的那片清幽的小天地，他们总有那么多“不能说的秘密”，需要一个人在夜深人静的时候独自享受。

15 岁的初三女孩小兰，为父母一直把她当作小孩子、限制她的自由感到特别烦恼。

她说，父母就像看劳改犯一样管着她，有时比看管劳改犯还要紧。

她所做的每一件事都是父母为她安排的。她感觉到自己像一个玩具，毫无自由可言，连每天吃什么、穿什么、看多长时间书、做多长时间功课、练多长时间古筝、看多长时间电视、几点上床、几点起床，甚至连她日记中写的什么内容，父母都要干预……

尤其让她感到不舒服的是，学校就在家对门，父母还要坚持每天接送她，这让她在同学面前很没有面子，感觉自己是一个实实在在的囚徒……

孩子的成长需要自由的空间。要想使他们茁壮成长，父母就一定要给他们活动的自由，而不是把他们控制在一个小小的"鱼缸"，让他们成为鱼缸中悲伤的鱼儿。

父母管孩子，是出于对孩子的爱，这对于孩子健康成长是必需的，然而在现实生活中，有的父母总想事事都替孩子管，会扼杀孩子的天性，令孩子产生窒息的感觉，甚至会对父母心生怨恨。

这是父母和孩子都不愿意看到的后果，也是让父母和孩子都感到很委屈的一种后果，这个时候，父母想：我那么爱孩子有错吗？然而孩子会反过来想：为什么你们的爱会让我如此痛苦，你们这么做是真的爱我吗？

生存法则告诉我们：动物如果学不会自己捕食的话，就有可能饿死。孩子也是同样，在父母庇护下长大的孩子通常没有在社会独自生存的能力，一旦父母因为一些原因无法顾及他们，他们就只能被社会淘汰。

心理学家贝克说得好："对子女督促过严的父母，也许可以逼使孩子养成良好的习惯，却也会使子女有不安、依赖、胆怯、敢怒不敢言、不爱做劳心工作，以及不喜欢参加有创造性的活动等缺点。比较起来，这种教养方法是得不偿失的。"这番话很值得父母深思。

著名的教育工作者孙云晓曾说过："中国的父母正在辛辛苦苦地酝酿着孩子的悲剧命运，争分夺秒地制造着孩子的成长苦难。实际上，我们的父母在和自己作战，用自己的奋斗来击毁自己的目标。"父母限制孩子的自由，实际上是在制造孩子和自己的距离，在某些时候会导致"控制"和"反控制"的斗争愈演愈烈。

父母应克制自己的想法和冲动，只有真正把属于孩子的空间还给他们，让他们从单一的学习中解放出来，让他们的生活变得丰富多彩起来，让孩子成为自己的主人，他们才能获得真正的成长。

对此，父母一定要给孩子足够的自由，对一些无关紧要的事情少管或不管，让他们养成独立生活的习惯。同时，避免他们因这些小事产生逆反心理，从而拒绝接受所有的要求，包括合理的要求。

只有这样，父母才能把自己的孩子培养成为生活的强者。成长与成才其实都需要顺其自然，让孩子走自己的路，水到自然渠成地达到他应该到达的位置。

“我是家长，我说了算”——以权压人不可取

“妈妈，关于上不上兴趣班这件事情，能不能让我自己做决定？”阳阳几乎用一种哀求的口气跟妈妈说道。

“不行，我是家长我说了算。”妈妈生硬地拒绝了阳阳的哀求。

就这样，阳阳去参加了妈妈给他报的钢琴班。可是阳阳根本就不喜欢钢琴，每次上课也是无精打采的，最后，老师也来劝告阳阳的妈妈，还是不要让孩子学习钢琴了，他没有这个兴趣，也没有这个天分，学钢琴对他是一种折磨。结果，阳阳的妈妈认为是阳阳不努力，才给了老师这样的印象。

“你知道这个钢琴课要花多少钱吗？你知道我们为了你付出了多少吗？”阳阳的妈妈对阳阳吼道。

“可是，我一开始就告诉你了，我不喜欢钢琴，是你非要用家长的权威来压迫我去的！”阳阳也不甘示弱地回应了妈妈一句。

这时候，阳阳的妈妈突然意识到，自己的那句“我是家长，我说了算”可能说错了。

阳阳妈妈的这句话，到底有没有错，值得很多家长去反思，因为，不少家长在教育孩子时，都会不自觉地用这句话去压制孩子的想法或者意见。

但当父母说出这句话的时候，无形中就将自己摆在了一个高

高在上的位置，增加了孩子对父母的距离感，这不利于孩子和父母的沟通。一般而言，如果父母能把孩子和自己放在一个平等的位置上，孩子会比较愿意对父母敞开心扉，沟通的效果也会比较满意。

同时，父母说出这句话，很可能武断地否定了孩子的想法，从而打击了孩子的自信心。一般而言，父母的这句话都是在孩子对于一件情提出了和父母不同的看法，而父母出于维护家长权威或者觉得孩子的想法不可取时脱口而出的。随着孩子的成长，孩子和父母对于一件事情有不同看法的情形也越来越多，作为父母，如果很武断地否定孩子的想法，会让孩子怀疑自己的想法是不是太过幼稚，从而让孩子的自信心得到极大挫败，对于孩子养成独立思考的习惯也是一种阻碍。

姗姗是一个鬼主意特别多的孩子，总是喜欢想各种各样的方法去解决生活中出现的一些问题。有一次，姗姗的袜子破了，于是她向妈妈建议：

"妈妈，我觉得我们可以把袜子拆了，做成一件小衣服，给我的小兔子穿上。"

"给小兔子穿个破袜子干什么呀，袜子破了，扔了就算了，这么麻烦干什么呀？"

姗姗听了妈妈的话后，很沮丧。

还有一次，姗姗跟妈妈去外婆家里玩，看到了一株非常漂亮的花，就对妈妈说："妈妈，我们可以找个花盆，回到家里后也可以栽这样一株花。"

"不用，这样很麻烦。"

就这样，姗姗在妈妈一次又一次的否定中，再也不喜欢想事情，总是等着父母来决定，因为，她说了父母也很少去采用。

没有人喜欢被压制，孩子更是如此，而且，父母越是对孩子压制，孩子就越会用消极的行为去反抗，就像故事中的阳阳一样。

因此，在教育孩子的过程中，聪明的父母是不会选取这种以权力去压制孩子的方式的，相反，他们会听取孩子的建议，甚至鼓励孩子提出自己的建议，如果孩子的建议是合理的，他们会欣然接受。

和孩子一起学习，一起游戏

有些父母自己躺在床上看电视，却不准孩子看电视，一味地叫孩子“好好读书”；自己总是看一些报纸杂志，却叫孩子只能看参考书、儿童文学，并要孩子将来上一流大学，这实在是说不过去。要想让孩子用功，父母本身也应该用功才对。当然并不是说非要父母求取“学问”，或阅读一些高难度的书本，只是希望父母也能自我进步、自我要求，而不只是看些周刊、电视连续剧之类的东西。

在孩子小的时候，如果缺少了与孩子一起学习的观念，让孩子一个人面对枯燥、难懂的知识，对培养孩子的学习兴趣是有影响的。如果父母能够与孩子一起学习，让孩子觉得面对困难的不只是他一个人，这样孩子就不会厌恶学习。当孩子遇到学习困难时，父母也应该与孩子一起解决，让孩子体会到学习的乐趣。所以，与孩子一起学习对培养孩子的学习兴趣是非常重要的。

父母与孩子一起学习，还有一个非常重要的因素，就是让孩子明白学习是一件重要的事情。因为孩子还小，他们对学习的重要性没有实质的认识。当孩子稍微懂事以后，他就会逐渐明白，父母都花费时间来陪自己学习了，这说明学习对自己是一件非常重要的事情。

另外，与孩子一起学习，还可以培养孩子的自信心。因为，当父母帮助孩子解决学习上遇到的一个个困难以后，就会让孩子觉得困难也是很容易解决的，从而增强孩子的自信心。同时，这也是培养孩子良好的学习情绪的一个重要方法。

在与孩子一起学习时，尽量把自己也当成一个学生来看，你是与孩子一起学习知识，而不是去监督孩子学习的。这一点非常重要，如果处理不好，往往会使孩子对学习感到厌倦，而且也会影响对父母的感情。

学习的时候和孩子在一起，游戏的时候也要和孩子在一起。因为，游戏能够引起孩子对未知世界进行探索的愿望，并且，在进行探索的过程中，他们的观察能力、注意力、记忆力、想象力、思维能力以及语言表达能力等综合能力都能够得到发展。因为，丰富的游戏环境，以及种类繁多的游戏材料，都是促使孩子运用多种感官的外在条件。有了这些条件，然后在父母的正确引导下，孩子的感知能力就能够得到合理的发展。在游戏过程中，孩子可以接触到各种事物，接受各种感官的刺激，孩子会产生强烈的求知欲望。这对于培养孩子的学习兴趣、培养孩子的学习能力来说是一个良好的基础。游戏能够训练孩子的思维能力和语言表达能力，当孩子在做游戏时，父母要让他们多动脑筋、积极思考。同时，游戏还能够充分启发孩子参加活动的主动性、积极性和创造性。

可以看出，游戏的种类很多，内容广泛、形式多样，是孩子发展智力的广阔天地。父母与孩子一起游戏是非常重要的一个环节。在教育比较发达的美国，与孩子一起游戏，已经成为父母们教育中的一项必要工作。

但许多父母都会认为，孩子自己会玩游戏，孩子喜欢怎么玩就让他怎么玩。于是，就对孩子的游戏漠不关心。甚至还有一些父母认为，孩子在游戏时会将房间搞得乱七八糟，因此他们非常反对孩子做游戏。父母应该明白，这样的做法对孩子的全面成长是非常不利的。克鲁普斯卡娅说：“孩子在游戏中学习组织自己，学习研究生活。父母应该重视孩子的游戏，而且应该做相应的指导和帮助。”事实上，游戏是一种特殊的教育过程，对孩子来说，也是学习的方式之一。忽视或者阻止孩子游戏的做法，对孩子的教育的损失是很大的。

与孩子一起游戏，是素质教育的需求；当孩子的游戏玩伴，是每一个家长教育孩子必须做的一项工作。

一个成功的家长既可以和孩子一起学习，又可以和孩子一起游戏，他会和孩子一起进步，一起增长知识。这样的父母一定会教育出最棒的孩子。

改变你的语调，敞开你的心扉

大多数父母似乎都同意应当尊重孩子，但事实上，没有多少父母做得好。比如我们经常用一种语调同孩子讲话，而决不会用同样的语调来同朋友交谈。如果我们把对孩子讲过的话录下音来，认真地听一听自己的腔调和声音，就会发现在很大程度上我们并不尊重孩子。因为我们总是以教训的口气，哄人的口气，引诱的口气来获得他们的合作。孩子即使和我们合作也往往不是发自内心的。如果我们认识到我们的语调和讲话方式是错误的，便应该开始改变自己。如果我们以平等的、像与朋友谈话的口气来与孩子交谈，而不是对他们训话，多数情况下，我们就能顺利地与自己的孩子交流思想了。如果你总在批评教训他、告诫他、挑他的毛病，他只会由此加深苦恼，认为是父母不爱他、讨厌他，无形中和父母之间产生距离、隔阂，这样下去，交流的大门慢慢地就会关上了。

孩子有时会问："您是不是生气了？"你绷着脸说："没有。"然而你脸上的表情和语调却表示出你仍在生气、在愤怒。要知道孩子是非常敏感的，他们能很快地分辨出你在讲话中所要传达的真正意思和态度。而我们成年人却往往并不敏感，没有意识到自己在同孩子讲话时运用了不适度的腔调，更没有考虑这种语调对孩子的心理将产生怎样的效果。

父母平素总是利用一切机会向孩子灌输一些听话和逆来顺受

的信条，企盼孩子事事按自己的意愿行事，只是要求“让他做什么，或是怎么做”，而并不是让他从内心明白“为什么这样做”。如果在孩子还小的时候，我们就有意识地培养与孩子的和谐交流关系，这种交流的大门是会敞开的。这种交流取决于我们是不是尊重自己的孩子，即使在我们与他们的意见不统一的时候，孩子也总是在无意识地观察，并将获得的印象输入到自己的思维体系中，然后按照他的结论去做出相应的反应。孩子是有自己的内心世界的，如果从小由于某些原因没有和父母一起相处，或者没有经常交流的习惯，那么今后这扇大门就有可能会永远关闭。不要常常以为孩子年幼无知就劝孩子抛弃自己的想法，而试图用自己的想法来改变和填充他们的头脑。我们想塑造孩子的性格、头脑和品质，好像他们只是一块很软的橡皮泥，任我们去“捏”。其实，在孩子看来这就是被强迫和受制于人。但这并不意味着我们不能影响和引导他们，而只意味着我们不能强迫塑造他们。孩子的不听话甚至反抗，有时就来自于对这种被强迫和受制于人的对抗，往往并不是说你说得没有道理，或者他没有听懂你的意思。

每个孩子都有自己的创造性，每个孩子都会对他所遇到的事情做出反应，每个孩子都在努力塑造完善着自己。

作为父母，我们的责任是怎样引导孩子。这就要求我们应对他们有细致的观察，了解他们的行为目的、情感愿望，如果你真的感觉到了孩子在想什么，那么你就对孩子有了更深的理解。这个并不难，因为孩子从幼儿时期就在无拘无束地表达和表现自己。

如果我们自由地接受孩子的思想，与他们一起讨论，研究可能的结果，经常问“那样的话将会有什么情况发生”“你会有什么感觉”，孩子就会想到，在解决人生疑难上，他有了同伴。另外，父母常向孩子问一些相关的问题也是传播信息的好办法。不是么，许多人在他们成人之后仍然认为最好的朋友就是他的父母，和父母的交心使他们受益匪浅。

不向孩子透露自己的内心世界，只习惯于对孩子进行训导，却要求孩子向自己暴露一切，这种不平等的企求，当然不能取得好的效果。孩子们到了一定年龄便不愿向父母吐露心事，而只好去和同龄人交流想法。同龄人的经历有限，经验往往肤浅，思想也不成熟，孩子们虽在一起有过所谓更深的交流，但大家都被同样的问题困扰，相对来说并得不到多大的提高，而父母却因不平等的待遇失去了与孩子进行交流、引导的机会，这对孩子的心理发展是一种妨碍和伤害。

父母向孩子敞露内心，表现了对孩子的尊重与依赖，加强了与子女的情感联系。这种交流在孩子逐步成熟时尤为重要。十几岁的年龄是孩子们的黄金年华，但也是多事之秋，父母与子女间在感情上有这样密切联系的，就容易沟通，从而有效地避免少年期容易遇到的问题，而要使孩子顺利成长，父母与子女间的这种关系是需要长期、有意识地培养才能获得的。

当孩子开始询问“爸爸你为什么不高兴？是不是工作上有了麻烦”之类话的时候，做家长的就应该认真考虑一下是否该与孩子认真谈一谈？那么谈多少，怎么谈？如果我们轻易一语搪塞地对孩子说“没有什么，很好”，或“不关你的事，快去玩你的去吧”。那我们可就一下子将孩子对父母那善良而美好的关心推开了！等于将一颗关怀他人的心冷酷无情地挡在门外了！孩子所得到的信息便是父母的事与我无关，凡只要不关我的事，都不要管。这就是父母不让孩子有爱心和责任心，就等于公开向孩子传授并灌输了“各人自扫门前雪，不管他人瓦上霜”的那种极端自我的腐朽意识和观点。可见这样做的话，日后我们也就没有理由去抱怨自己的孩子不关心父母了。

和孩子们总结自己的成功与失败，表述自己的计划与展望，这本身就是对孩子最生动最实际的人生教育，反过来也是对父母自身的反省与激励。生活中人人有坎坷，有些人终生不得志，同孩子一起回顾分析自己的经历，承认自己以往的失败，回顾自己的终身憾事，对做父母的来说不是一件容易的事情，可能会担心孩子看不起自己，事实上这样做有许多益处。将自己的实践积累、经验教训传授给孩子，这对孩子来说恰恰是最需要的，而且是最珍贵的恩赐。

请放下那副“教育孩子”的架子

李丽从国外回来，那里的许多人和事仍历历在目，如一些家长蹲着，和孩子在一个水平高度上面对面地谈话，给她留下了很深刻的印象。

第一次见到这种情景是在她住的朋友家。一个周末，他们请了一对青年夫妇和孩子来吃晚饭。当这个两岁多的孩子吃饱了，要下地去玩时，孩子的母亲也立即离开餐桌，蹲下来面对着孩子说：“你是不是坐到离餐桌远一点的地毯上去画画？”孩子高兴地坐到那边独自玩去了。当时，她对这位家长蹲下来对小孩子说话的举动虽然感到讶异，但又以为这只是这位妈妈特有的教育方式而未再多问。

又一个周末，学校的一位秘书尼蒂请她到她家做客，她又一次见到这动人的情景。尼蒂有一双可爱的儿女，当他们准备乘车一同去超级市场时，4 岁的儿子罗艾姆因为姐姐先坐进汽车而不高兴，尼蒂在车门口蹲下来，两只手握住儿子的双手，脸对脸，目光正视着孩子，诚恳地说："罗艾姆，谁先坐进汽车并不重要的，对吗？"罗艾姆看着妈妈，会意地点点头，钻进了汽车并挨着姐姐坐了下来。第二天上午，李丽和尼蒂一家去公园玩。当罗艾姆同姐姐跑跑跳跳，要到湖边去看戏水的鸭群时，不小心绊了一跤，眼泪在他的大眼睛里滚动着，马上要流出来了。这时，尼蒂又很自然地蹲下来，亲切地对儿子说："你已经不是小宝宝了，是不是？你已经是个大男孩了，绊一下是没关系的，对吗？"李丽也学着在一旁蹲下来，面对着罗艾姆说："是的，你是个大男孩了，对吗？"孩子一下子就收住了眼泪，很自豪地玩去了。

这时，李丽禁不住同尼蒂谈起了这样的教育方式。尼蒂说："与孩子说话当然要蹲下来呀！他们年龄小，还没有长高，只能大人蹲下来，才能和他们平视着说话。在我小的时候，我的父母就是这样同我说话的。我认为，孩子也是独立的人，因为他们比成人矮一些，成人就应该蹲下来同他们说话。"

实际上，这里的"蹲下"并不只是动作和行为上的"蹲下"，它更多的是传达与孩子站在相同立场上的观点。

或许妈妈早已习惯了站在成人的立场，以成人的思维方式为孩子分析问题，告诉他们应该如何去做，这会使他们怯于亲身去体验。如果我们坚持认为自己知识渊博，总是滔滔不绝地向孩子灌输，不厌其烦地纠正孩子的错误，我们就限制了孩子自己去积累知识的机会。而且，这种认为孩子这也不行、那也不行的态度，会极大地打击他们的积极性，使他们丧失自信。要学会站在孩子的角度思考问题，我们所要表达的爱，是要对方能接受的，千万不可因“爱”而生“碍”。

妈妈只有放下架子，和孩子平等交流，才能真正走进孩子的内心，给孩子以鼓励和帮助。

尊重孩子，营造平等的交流环境

要教育孩子，首先要尊重孩子，在与孩子交流时要平等，在此基础上才会努力地去理解孩子的想法。这种平等的关系会使孩子愿意同父母交流，并能听得进父母的说教，这是做好子女教育的首要条件。为了做到这些，我们在对孩子的教育上要尽可能地多一些人性化，从子女容易接受的事和有关的问题出发，给他提建议，让他明白哪些该做、哪些不该做。

孩子最初的受人尊重的感觉是从父母那里得到的，尊重别人的意识也是在日常生活中经过多次的训练、教育和不断地强化而逐渐建立起来的。而且只有那些能够得到父母的尊重与爱的孩子，才会懂得如何去尊重别人、爱别人。所以，家长请不要忽视孩子的“平等观”，爱他就要让他知道你很尊重他。应放下长辈的架子，蹲下身来与男孩交谈，而不要总给孩子“高高在上”的压迫感。

可是，我们常常可以看到父母站在那里用“过来！别摸！”“去！去！去！别烦我”等居高临下、命令式的语言语调大声呵斥孩子。很多家长之所以与孩子交流的效果不好，正是因为家长与孩子交谈时，往往以长者自居，对孩子缺乏应有的尊重。大多数父母总喜欢把孩子当作小“豆包”，没有在情感上给他们公平的待遇。殊不知，孩子早已有了自己的思维与尊严，他们渴望与大人平起平坐，渴望大人把他们当作平等的个体来看待。

如果父母从不考虑孩子的感受，孩子就会感到在家里没有话语权，无处发泄心中不满。久而久之，孩子就会成为窝窝囊囊、沉默寡言的“闷葫芦”。家长可以通过家庭会议的方式解决这一问题。

家庭会议能让孩子找到一个说话的窗口，在这里，孩子可以被倾听，可以参与到交流甚至是解决问题的环节中，而这一切都是在平等民主的氛围下进行的，无形中对孩子是一个良好的熏陶，孩子的民主意识加强，也有助于孩子走向独立。

家庭会议是孩子成长的一个小渠道，他可通过家庭会议上讨论的问题而逐渐熟悉家庭结构。孩子渐渐地了解在一个完整的家庭里，需要考虑到：家务、财务预算、日程安排和生活方式。而这些，为孩子离开父母自立门户，以后更好地适应社会打下了坚实的基础。这种方式可以锻炼孩子的语言表达能力和判断能力，在会议上的讨论无形中也扩大了孩子的眼界。

孩子的想法得到了表达，情绪也得到了宣泄，同时家长走进了孩子的心灵，孩子心理更加健康，家庭也会更加和谐稳定。

那么，召开家庭会议时应该注意些什么呢？为了保证家庭会议能够长久有效地举行，又要遵循哪些原则呢？有以下几点，家长可以参考。

（1）长辈负责主持会议，制订规定，并要求全体人员互相监督和执行。

（2）除非有特殊情况，否则每位成员不得缺席。

（3）不管是反对还是赞同，每个成员都有表达自己意见的权利。

（4）做到耐心倾听不打岔，不得在会议中大喊大叫，影响会议进行。

（5）不能使用侮辱性或贬损的语言，每位成员之间应做到互相尊重。

（6）将分散注意力的东西减到最少。关掉电视、电话和收音机等。

（7）家庭会议中提出来讨论的问题，每位家庭成员都能提供解决的办法（最后尽量选择大家都赞同的方法）。

（8）由家中的成人做最后决定。

家庭会议只是沟通方式中的一种。家长也可以尝试用其他方式与孩子建立平等的关系，增进与孩子的交流。

如果发现你的孩子总是不愿与你交流，就该反省一下自己了。花点心思，营造一个平等的、孩子乐于接受的沟通方式，将使你和孩子的感情更为深厚，对孩子的语言能力、思维能力也是一种极好的发掘和锻炼。

第9章

接受现实，及时修正对孩子的期望值

不拿孩子的弱项和其他孩子的强项比

在中国孩子的成长过程中，总有一些孩子和他一起成长。在许多中国的父母眼中，也总有一个别人家的孩子在某一点上比自家的孩子强。

晓岚的妈妈和佳佳的妈妈是大学时期的朋友，两家人住在一个小区，又是邻居，所以两个孩子从小就在一起玩，一起读书，一起上下课，形影不离，关系特别好。

可是，自从上了初中以后，两个孩子的关系却开始变得有些疏远。原来，这是因为晓岚的成绩特别好，尤其是语文好，作文经常被老师当作范文念，而佳佳的语文却是班上倒数，她对写作文极其反感。

佳佳的妈妈总是抱怨佳佳的语文成绩差，尤其是喜欢拿晓岚和佳佳对比："你说你从小就和人家晓岚一起，怎么就一点都不向人家学习呢？和班里成绩最好的同学在一起，学习成绩尤其是作文这么烂，你不会觉得不好意思吗？"佳佳的妈妈这样说，佳佳很不服气，因为她的数学成绩比晓岚还好，然而她更多的感觉是难堪。

于是和晓岚在一起她越来越觉得自卑，总觉得大家在看她的笑话，认为晓岚背地里和妈妈一样在羞辱她。慢慢地，佳佳对晓岚疏远了，总是一个人闷闷不乐地上课下课，放学回家也不再找晓岚玩了……

我们身边有太多佳佳妈妈这样的父母，总是喜欢拿自己的孩子跟别人的孩子比。而且，还总是拿别人家孩子的强项来跟自己孩子的弱项比。也许，父母的初衷是好的，希望以此激励孩子，让孩子上进，可是，这结果往往是让父母失望的，孩子不但没有上进，反而更加退步。

为什么会出现这种情况呢？原因很简单：

第一，这样很容易伤害孩子的自尊心。一些自尊心比较强的孩子，听到父母的比较后，很容易就产生逆反心理，家长越是比较，希望他们上进，他们越是不听。

第二，这样很容易伤害孩子的自信心。这样的比较，其实是向孩子传达一个信息：你不如别人，别人可以做到，而你不行。这样的表达，也传递着父母对孩子的失望，而这种失望，对孩子的能力是致命的打击。

每个孩子都有自己的强项和弱项，聪明的家长不会拿自己孩子的弱项和其他孩子的强项相比，这不仅会损害孩子的自尊心和自信心，对孩子的友谊也会产生不利的影响，就像故事中的佳佳一样，会有意疏远自己的好朋友。

每个孩子都是自然界伟大的奇迹，以前没有像他们一样的人，以后也不会有。由此，家长要让孩子保持自己的本色！不论好坏，都要鼓励孩子在生命的交响乐中演奏属于自己的乐章。

调整好你对孩子的“期望值”

“期望值”也叫期望概率，是指一个人对实现某一目标概率的估计。一个目标确定可以实现时，期望概率为最大即为1；一个目标绝对实现不了时，期望概率为最小即为0。可见，期望值是人们对实现目标可能性的一种主观估计，这主要依据的是过去的经验。因此，若想获得相对可靠的期望值，需要对过去的经验有一个清醒而客观的认识。对于父母来说，对孩子的期望值就需建立在对孩子客观准确认识的基础上，对孩子的期望值不能过高，过高会给孩子过大的压力，让孩子觉得目标遥不可及，打击孩子的积极性；相反，过低的期望值则会让孩子产生懈怠。

上小学五年级的芳芳放学后兴高采烈地回到家，告诉妈妈：“妈妈，我这次语文考了98分，全班第一名呢！”说着，芳芳就拿出自己的试卷递给妈妈看。可是，妈妈听到女儿的话后并没有表现出高兴的神情，接过试卷看了一下，然后说道：“瞧瞧你，不过就是一次小测验而已，值得这么大惊小怪的吗？”

“妈妈，你之前说，我考了第一名就带我去海底世界玩的，咱们这个周末去吧！”芳芳满怀期待地看着妈妈。

“你这孩子，我和你爸爸说的可是你期末考试考了第一名才带你去的，而不是小测验啊。”

听了妈妈的话，芳芳的眼神暗淡了下去。芳芳平时考试都徘徊在10名以外，这次好不容易考了第一名，却换来妈妈的一顿冷嘲热讽。而妈妈给制订的第一名的目标，对于芳芳来说基本上是一个难以企及的目标。

她从妈妈手里拿过试卷，默默地回到了自己的房间。

每一个父母都希望自己的孩子取得好成绩，但是，我们对孩子的期望应该合理，给孩子制订的学习目标应该是在他能力范围内能够达到的。否则，过高的期望值会打击孩子的积极性，让孩子产生挫败感。

有心理学家曾做过这样一个有趣的实验：他将一群学生随机分为两组，让他们摘悬在空中的苹果。但是两个小组苹果悬挂的高度各不相同，第一小组的苹果挂得相对较高，即使他们跳起来也难以够到；第二小组的苹果挂得不是很高，只要他们跳起来就能够摘到，但在后面，苹果的高度会逐渐地提高。

心理学家认为，在这个实验里，苹果对于两组学生的诱惑力是相同的。

实验刚开始的时候，两组学生都十分兴奋，不断地跳跃去摘苹果，但由于第一组的苹果挂得太高，他们根本就摘不到，而第二组的学生不仅摘到了苹果，而且他们的跳跃能力也有了一定的提升。

之后，心理学家又让两组学生摘相同高度的苹果，结果令人吃惊：第一小组的学生都表现得懒洋洋的，他们当中的许多人都是走过场似的应付一下；第二组的学生则表现得充满活力，他们不断地跳跃，跳跃的平均高度明显高于第一组。

心理学家由此得出结论：当我们在制订目标时，这个目标最好是在我们“跳一跳”就能达到的高度；不顾自身条件，把目标定得过高，反而会挫伤我们的积极性，对目标的实现极为不利。

这个实验启示我们，对孩子的“期望值”也要合理，在给孩子制定学习目标的时候既不能过高，也不能过低，制订一个他们“跳起来”能够够得着的目标最好。这样，孩子学习的时候也有动力。

生活中，很多父母之所以对孩子提出不合理的期望，主要是因为对孩子过去的经验不太了解，或了解得不够到位。“如果你了解了过去的我，就会原谅现在的我”，这句话也适合那些不了解自己孩子的父母，如果你真正地了解了你的孩子，根据孩子过去的经验和现状，你就会对孩子提出合理的期望。

如果家长对孩子的期望值超过了孩子身心发展的内在规律，就会严重影响孩子的性格、社会适应能力的发展以及身心健康。在高期望值的驱使下，家长评价孩子好坏的标准会严重失衡。很多家长对孩子在学习方面的期望值远远超过了孩子的承受能力，这十分不利于孩子的健康成长。在学习方面，父母要根据孩子既往的成绩对孩子提出合理的期望值，我们不能要求一个平时考20名左右的孩子在一学期之后考进前三名。只有合理的期望值，才有利于孩子的健康成长。

帮孩子树立一个切合实际的目标

“请你告诉我，我该走哪条路？”爱丽丝说。

“那要看你想去哪里。”猫说。

“去哪儿无所谓。”爱丽丝说。

“那么走哪条路也就无所谓了。”猫说。

——摘自刘易斯·卡罗尔的《爱丽丝漫游奇境记》

这段对话充满了智慧，对于一个没有目标的人，人生怎么样度过都是无所谓的。所以，若想让人生过得有价值，选定一个实现自己价值的目标是必不可少的。成功学专家拿破仑·希尔说，凡是成功卓越的人，一定都有一个明确的目标，因为目标能帮助他运用自己的智慧朝着既定的方向全力以赴。

选择目标固然重要，目标切合实际则更重要。不合实际的目标就像是表盘错误的导航仪，一定不会给我们指出正确的方向。

晓晓是一个学习超级刻苦的孩子，可无论晓晓怎么努力，数学成绩一直上不去。每一次考试后，晓晓的语文都是 90 多分，而数学总在及格的边缘挣扎。对此老师和父母都很着急。

新学期开学之后，班主任让同学们制订自己的学习目标，晓晓的目标是这样的：期中考试的时候，语文考到 95 分，数学考到 90 分，英语 95 分，争取在六年级的时候考进实验班。

自从制订学习目标之后，晓晓学习更加努力了，课间休息的时间都被她用来演算数学题，晚上睡觉前，还会将课本再温习一遍。可以说，晓晓把所有的课外时间都用在了学习数学之上。

很快就到了期中，晓晓也做好了应考的准备。当成绩出来之后，晓晓傻眼了，数学只有 71 分，而语文和英语成绩也下降了，分别只有 88 分和 85 分。看着眼前“惨不忍睹”的试卷，晓晓想到自己辛辛苦苦地学习了半个学期，却换来了这样的结果，眼泪再也忍不住了。

晓晓受到了打击，学习兴趣锐减，不再像以前那样啃书本了，作业也是敷衍了事，上课的时候经常走神。班主任老师很快发现了晓晓的异常，于是找她谈心。经过仔细询问，班主任知道了问题的症结所在。他首先肯定了晓晓在数学学习方面的进步。同时告诉晓晓，她的目标制订得并不合理，学习是循序渐进的，没有人能够一口吃成大胖子。

经过老师的开导，晓晓又恢复了信心，她制订了一个切合实际的目标——每次考试数学成绩都进步5分。

就这样晓晓一步步地努力，经过一年，数学成绩真的就提到了90多分，也顺理成章地考进了实验班。

晓晓起初要求自己的数学成绩从刚及格一下子考到90分，就是制订的目标太高了，所以，她虽然取得了进步却也因为目标没有实现而郁郁寡欢。在老师的指导下，她制订了一个切合实际的目标，将进实验班的想法分步付诸行动，最终实现了自己的目标。

在孩子的学习中，需要一个切实可行的目标。现在很多父母都“望子成龙”“望女成凤”，以为把孩子的目标定得越高，孩子就会取得越大的成绩，这种想法是不科学的。

知识的积累是一个过程，父母帮孩子制订的目标太高会给孩子造成很大的压力，当孩子非常努力还是无法取得好成绩时就会打击孩子的积极性，因此，切实可行的目标很重要。

俄国著名的大文豪列夫·托尔斯泰年轻的时候不学无术，有邻居说：“他是一个什么也不想干，什么也做不好的家伙。”经过一段时间的挥霍以后，列夫·托尔斯泰开始认真地思考人生。

他下定决心好好读书。他给自己规定每天要读8本书，于是不得不整天埋头书海，有时候甚至顾不上吃饭。终于有一天他生病了，住进了医院。

“你为什么不制订一个合理的计划呢？你的计划已经严重超出了你身体的负荷。”医生说道。

“我只是觉得我已经浪费了很多时光，所以要加倍努力。”

“可是，你现在这样更加浪费光阴，你应该给自己树立一个合理的目标。”

从医院出来的列夫·托尔斯泰听从了医生的建议，给自己树立了一个合理的目标——将原来的 8 本书改为 2 本书。

没有人能一蹴而就，尤其是知识的积累必须从一点一滴而来。父母给孩子树立目标时应该考虑一下孩子身体和头脑的负荷能力，否则欲速则不达。

不能只根据成绩好坏来奖惩孩子

生活中，很多父母在孩子取得好成绩后会“狠狠”地进行一番奖励，认为这样会激励孩子更加努力。但是，如果一味地只根据成绩的好坏来对孩子进行奖惩，也会带来很大的负面效果。

很多孩子都害怕考试，一到考试就头疼、紧张，但是，郝蕾却十分迷恋考试，甚至考试考上了瘾，一天不考试就浑身难受、不舒服。

郝蕾是一所重点高中高一的学生，学习成绩很好，在班级排名前五名。最近一段时间，郝蕾每天晚上都要学习到凌晨两三点，早上五六点钟就起床了。妈妈劝她注意休息，但怎么劝都没用。因为她太爱学习了，只要不学习她就非常焦虑。

上初中的时候，郝蕾经常考全班第一名，但是她对此并不是很满意，发誓一定要考全年级第一、全市第一。于是经常废寝忘食。

到了初三，郝蕾更是起早贪黑。起初，父母并没有太在意她的这种做法，心想，初三的学习比较紧张，女儿这样也是正常的。

中考结束之后，郝蕾如愿以偿，进入了重点高中。但是在暑假期间，郝蕾仍然一如既往地努力学习，她准备“快鸟先飞”，先把高一的知识学好，以保证自己在新学校取得好成绩。当时，妈妈就担心郝蕾有点不正常，想带她去看心理医生，但是爸爸极力反对，他认为孩子爱学习没什么不好的。

但后来，看着女儿的身体日渐消瘦，而学习激情仍然不减，妈妈越来越担心孩子会垮掉，于是不顾丈夫的反对，带女儿去找心理医生了。

经过心理医生的诊断，郝蕾是考试上瘾了。生活中，也有不少孩子像郝蕾一样考试上瘾。孩子考试上瘾，一般源于父母对孩子采取了不当的奖惩方式：如果孩子考好了，会得到极大的奖励，在其他方面，无论他做得多好，都得不到这种奖励，甚至根本就得不到奖励。相反，如果考砸了，孩子将会受到很严厉的惩罚。这种完全以考试成绩为标准的单一的奖惩办法，很容易导致孩子考试上瘾。

科学家研究发现，人的大脑中有一个快乐中枢，如果快乐中枢频繁受到单一来源的刺激，那么我们就会爱上这种刺激方法，不管这个刺激有多么危险，仍然会乐此不疲。

美国心理学家奥尔兹曾经做过一项有趣的实验：轻轻的电击刺激小白鼠的“快乐中枢”，让它感受快乐，然后，让小白鼠学会控制这个电击方法。之后，小白鼠就会什么也不做，只是一遍又一遍地电击自己，频率甚至可以达到每小时5000次，并能持续15～20个小时，直到疲倦为止。

许多父母完全以成绩为取向的奖惩办法和心理学家对小白鼠的电击有异曲同工之处。

因而，要防止孩子染上“嗜考症”，最好的办法就是让孩子多点爱好。

首先，不要只根据学习成绩的好坏来奖惩孩子。孩子取得了好成绩，可以和他一起分享快乐，但不必非得给予他很高的奖励，因为，外部奖励太频繁，会夺走孩子内在的喜悦。对于孩子来说，考试成绩好本身就是一种奖励，如果他很爱学习，那么这就是对他学习最好的认可。好成绩会带给他内在的喜悦，这种内在的喜悦是最好的学习动力。但是，如果频繁给予物质奖励，这种内在的喜悦就会被外在的物质奖励所取代，那么孩子的学习动机就可能会改变，由原来的获得好成绩变成追求物质奖励。

当孩子没有考好时，也不要过分地责怪他。因为没有考好，他自己的心里就已经很难过了，如果再加上家长的责备，孩子可能会受不了。许多患上“嗜考症”的孩子，其父母对孩子的学习要求相当苛刻，考好了，“一俊遮百丑”，其他什么问题都可以不追究；考砸了，“一丑遮百俊”，其他方面做得再好也不会得到家长的认可。

其次，让孩子适度参与做些家务。在很多家庭，学习成了孩子唯一的任务，家长只要求孩子好好学习，其他的一切事情都不用操心。如此一来，孩子就把学习成绩当成了唯一的精神支柱，从而喜欢上了考试。

再次，要鼓励孩子有其他爱好。但不要把爱好当成任务，如果把爱好当成必须完成且必须要做好的任务，那么，爱好也就失去了其意义，反而会变成压力。

总之，就是不要让孩子像前面提到的小白鼠那样，只有考试这一种快乐。美好的人生，应该有各种各样的快乐。

为"优秀"下一个完美的定义

美国电影《师生情》里有这样一个情节：优秀的白人教师在给黑人孩子上课时，他真诚地对一个男孩说："小伙子，老师相信你是天底下最优秀的孩子，是个真正的男子汉！放松点，告诉老师，这是几个手指头？"

这时，被提问的男孩红着脸盯着他的一只手数了半天说："3个。"

这位老师听后，没有指责也没有失望，而是热情地说："很好，你很厉害，才少数了2个。"

面对老师的鼓励，男孩非常高兴，一下子信心百倍起来，也相信自己是一个很厉害的小孩，他的人生从此有了不一样的开始。

父母对于优秀的定义，直接影响着孩子的成长。在孩子成长的过程中，如果父母合理地定义优秀，对孩子适时正确地引导，在孩子需要时给予他积极的鼓励和暗示，他就会越来越自信，更乐于学习，学习的效果也会更好。

相反，如果父母一味地“望子成龙”，对孩子提出各种要求而不考虑孩子的具体情况，那么，必然会给孩子以挫败感。这样，孩子就会产生自责的心理，会严重遏制孩子的进取心和创造性。

因此，父母需要给优秀下一个完美的定义。在这个过程中，父母需要注意以下几点：

一，优秀并不意味着要求孩子做到最好，只要他是在慢慢进步，那这个孩子就是优秀的。很多父母都有一个错误的观念，那就是优秀的必须是最好的，因此忽略了孩子每一次的进步，尤其是对于一些学习成绩相对落后的孩子，父母若只把注意力放到结果上，对孩子的进步看不到，常常因为结果不满意而批评孩子，这无疑会打击孩子学习的积极性。

王凯今年上小学四年级，学习成绩一直不好，尤其是英语，经常不及格。父母常因此批评他。

这一次期中考试，王凯的英语成绩总算是及格了，这让王凯很高兴，也准备继续努力，希望可以考得更好。刚回家他就对妈妈说：“妈妈，你看我的英语成绩及格了。”

“及格有什么高兴的，等考了 90 分再高兴吧。你看隔壁的小兰，多优秀，每次考试都能考 90 多分。”

王凯听到妈妈这句话，一下子就沮丧了下来，想继续好好学的兴头也减弱了。结果在后来的几次考试中，成绩又回到了以前不及格的状态。

“怎么又不及格了？”王凯的妈妈不耐烦地说道。

“及格了又怎样，也没有多优秀，我上次不是及格了吗？还不是被你说！”王凯也很生气地朝着妈妈吼道。

王凯的妈妈这时候才意识到自己错了。

二，优秀并不意味着孩子必须样样精通。人的精力都是有限的，孩子更是如此。很多父母都希望自己的孩子是个小全才，于是给孩子报很多兴趣班，从舞蹈班到钢琴班再到绘画班，这让孩子觉得很累。

其实，只要在自己擅长的领域做到出色就是一个优秀的人，看一下那些真正的大师，都是在自己擅长的领域做到最好的人。

刘娟的妈妈很希望女儿成为一个优秀的全才，不但要求她要学习好，还给她报了各种兴趣班。每个周末，刘娟不是在学钢琴，就是在学画画，或者就是在学舞蹈、学古筝。

“妈妈，我能不能不学钢琴、画画跟古筝了，我只想学舞蹈。”

“不行，这些都得学，钢琴跟古筝可以培养一个人优雅的气质，画画可以多一门才艺，说不定高考还能加分。”

“可是，妈妈，这么多，我很累。”

“吃得苦中苦，方为人上人。”

可是，最后的结果是刘娟舞蹈没有学好，钢琴和古筝也没有学好，画画更是一塌糊涂。

三，优秀不是跟别人比出来的。很多家长认为，一个优秀的孩子就是一个比别人强的孩子。

可是每个人都有自己擅长的地方，人和人只能在具体的一件事情上有个比较，比如谁比谁高，而对于一些笼统的概念，是无法比较的。再者，一个人只要不断进步，就算是一个优秀的人。

总之，父母应该认识到优秀并不意味着“完美”，当发现孩子的缺点时，要合理引导，当发现孩子的进步时，要及时鼓励，让孩子慢慢朝着更好的方向努力，做一个不断进步的孩子。

不要把某些兴趣强加给孩子

美国著名的教育家杜威认为，对于教育者来说，最重要的是经常细心地观察孩子的兴趣。他说：“成年人只有通过对孩子不断地予以同情的观察，才能够进入孩子的生活里面，才能知道他要做什么，用什么教材才能使他学习得最起劲、最有成效。”

在很多情况下，父母会不自觉地把自己的兴趣、愿望、希望甚至是自己没有实现的理想都强加在孩子的身上。虽然孩子的可塑性很大，但对于有些孩子来讲，在他没有兴趣的情况下强迫他去做一件事情，是一种很痛苦的事。这样做不但收不到应有的效果，反而会损害孩子的天性。

如果孩子自己能保持对某一事物或某些习惯的兴趣，是再好不过了，但在很多情况下，兴趣也是需要后天的培养。尤其是面对有时显得枯燥的各种文化知识的学习时，兴趣就更需要培养了。但是，我们不能不提醒父母，父母自身的兴趣对子女兴趣的有无、兴趣的高级与低级都具有十分重要的影响。

有一对从事音乐工作的夫妇，希望子承父业，让儿子也成为一个著名音乐家。于是，他们使出浑身解数，想把儿子培养成一个出色的小提琴手。孩子不到3岁，他们就为孩子买了一把儿童专用的小提琴，漂亮而昂贵，希望孩子能爱不释手。可是出乎他们意料的是，不管他们怎么去哄，怎么去鼓励，孩子就是对拉琴毫无兴趣。每次拉琴只是机械地把弓放在琴弦上拉动，睁着暗淡无光的大眼睛，似乎是在受难。

有一次，儿子在期末考试中取得了好成绩，父母决定给他买一件他最喜欢的礼品作为奖励。向他征求意见，问他想要什么的时候，孩子想了想，低着头说："我说了你们能满足我吗？"父母说："只要办得到的，就一定满足你。"孩子便用乞求的眼光看着父母，用郑重的口气说："我要的礼物，就是你们别再勉强我拉琴，行吗？"父母听了孩子的话不免有些震惊。他们万万没有想到，自己的一片苦心，对孩子却是沉重的负担。孩子竟然把"不再拉琴"视作最好的奖赏。这是好心的父母绝对没有想到的结果。

现在有不少父母，总想为孩子安排一切，包括孩子的前途，他们都早已经为孩子设计好了。他们自己节衣缩食，却不惜拿出大笔学费，替孩子报各种各样的"特长班""兴趣班"，其实孩子既没有他们想象的特长，也根本没有什么兴趣，都是父母在那里瞎忙乎，孩子们在父母一厢情愿的逼迫下也是苦不堪言。孩子上什么样大学，学什么专业，也多半由父母包办。

一些父母眼看别人3岁的孩子就会背唐诗，也买回一本，每天口读面授，逼着孩子背诵。还有的父母，希望子女成为少年画家、书法家、乐坛"神童"，也不顾忌孩子的兴趣爱好以及自身的条件，就把自己省吃俭用的钱抠出搞“智力投资”，但结果往往不能与他们的愿望成正比。

如果不顾孩子的自身资质，不尊重孩子的意愿，用父母的爱好与期望，越俎代庖，替孩子去选择奋斗目标，则注定要徒劳无功。让喜欢画画的孩子当数学家；让喜欢数学的孩子去当歌唱家；让喜欢唱歌的孩子当作家，这样的“期望”不仅注定不会成功，而且往往会把孩子原来的长处也抹杀殆尽。

用正确的态度对待成绩差的孩子

“望子成龙”可以说是每个家长的心愿。但是，在我们的现实生活中，由于各种各样的原因，还是有不少学习不好的学生，这就使得一些家长的“神童梦”破碎，思想悲观，从而粗暴地对待孩子，造成孩子心灵的扭曲、身心和学业上的恶性循环，后果堪忧。其实，成绩差的孩子更需要父母用心地去对待。

孩子学习成绩不好主要有以下几方面原因：

1. 孩子智力因素方面存在问题

孩子的成绩不好可能是孩子的智力发展滞后，感觉器官先天缺陷或后天损伤，大脑受到伤害等智力原因。另外孩子的思维大多都有具体、形象的特点，如果他们的抽象思维能力没有能及时地发展起来，赶不上教学内容的要求，在学一些抽象性、逻辑性知识的时候就会跟不上。孩子学习差，多半是这个原因。

2. 孩子非智力因素方面存在问题

孩子的成绩不好有可能是孩子的学习态度不端正，学习目的不明确，学习方法不得当，学习动机不强烈，学习习惯不合理等非智力原因。如果孩子年龄较小的话，性格、情绪方面对孩子的学习也有很大的影响。当孩子自制力较弱、理智感不强的时候和情绪高涨时成绩会直线上升，情绪低落时成绩则大大下降。性格外向的往往过高估计自己的学习能力，性格内向的则容易背上精神包袱。

3. 老师和家长的教育方式、方法方面存在问题

孩子的成绩不好可能和老师与家长的教育有关，比如教师水平有限、上课枯燥无味，让学生厌学；家长对孩子学习上的困难视而不见；或者随便训斥孩子；或者包办代替，不能正确地启发、帮助孩子。

4. 环境方面存在问题

孩子的成绩不好还可能是和环境有关，学校是孩子学习的主要场所，如果学校学风不好，设施、设备不完善，势必对孩子学习成绩造成影响；孩子在课余时间没有好的活动场所，没有丰富的活动内容，与社会上各种不良分子接触，受到社会上一些不良因素的影响，也会使成绩下降；在家庭中，家庭的结构、条件、气氛，家庭成员的素质等，都与孩子的成绩有密切关系。

由于孩子成绩差的原因是复杂的、多方面的，因此家长要抓住主要原因，比如帮助孩子树立好的学习目标和学习动机，教育孩子要有一个正确的学习态度，让孩子掌握正确的学习方法等。其中关键是对孩子既要理解宽容，又要严格要求。家长要积极主动地与学校老师联系，交换情况，共同磋商，找到好的方法。一般来说，孩子学习成绩差，只是其发展过程中暂时的波折，只要家长重视，并加以适当的教育，是能改变这种状况的。

如果孩子的学习成绩不好的话，父母就有必要对自己进行一些心理调整，首先需要父母做的是放弃过高的期望，制订一个切实可行的、适合孩子实际能力的目标。

容易厌倦的孩子可以先让他学习 10 分钟、15 分钟，完成后好好表扬孩子一番，日后将时间逐渐拉长，当能完成 30 分钟后，1 个小时也不再是高不可攀的目标了。最终目标可以很高，但暂时目标不宜过高，应该是孩子易于接受的，这样能不断地给孩子成就感和自信心。小的目标逐一实现，这种积累终将成为一座大山。

现在父母一般以孩子考试分数作为衡量孩子学业优劣的唯一标准，分数高者，父母十分高兴，给予各种奖励；分数低者，父母非打即骂，给予的则是各种处罚。但是，考试并不能证明学业的全部，父母不要两眼盯在分数上。只有对孩子的学业不佳有了正确的认识，父母才能避免粗暴地对待孩子。父母只有信任孩子，对孩子满怀期望，才能调动孩子的自尊心、自信心，孩子才能具有追求进步的内部动力。父母应该了解，学业不佳的孩子对他人的态度特别敏感，稍有不慎就会伤害他们的自尊心。父母可与学校老师联系，共同分析出孩子学业差的原因，并根据具体情况采取措施，帮助孩子进步。

悦纳孩子的缺点

有些父母总是觉得孩子长相没有继承自己的优点，成绩不是全年级第一，在家不懂事……诸如此类的挑剔会毁了孩子的幸福。

其实，哪怕全天下的人都看不起你的孩子，觉得你的孩子不完美，做父母的也要热爱自己的孩子、包容自己的孩子。只要父母这样做，天下没有不能成才的孩子。

自我接纳是孩子心理健康成长的前提，它是人对自身以及自身的一些特征所持的一种积极的态度，即能欣然接受现实中的自己，无论自己是完美无瑕还是有一定缺陷，都去接纳自己，喜欢自己。小孩子最初的评价源自于父母、老师以及其他长辈。如果这些人对他的评价是肯定的，如："真漂亮！""是个好孩子！""好聪明！"那么孩子的自我接纳就是正面的，他会肯定自己，不断自我完善，并最终具备自信。相反的，一些人常常在无意中指责孩子，说："你很笨！""不可爱！"对孩子人格进行贬低，孩子就会接受这些负面信息，认为自己真的不如别人，他对自己的认识逐渐会发生一些偏差。

孩子容易产生的"期望效应"人人都会有。所谓期望效应是指积极正确的期望暗示，它会给个人的工作、学习带来更大的进步和更好的效果。换句话说，别人传递的期望信息，它会使你的状态随之发生变化，积极的期望会使你向好的方向发展，反之，消极的期望会使你向不好的方向发展。用形象的话来形容，期望效应便是：“说你行，你就行；说你不行，你就不行。”要想使一个人向更好的方向发展，就应该不断向他传递积极的期望。

期望成真的奇迹是如何发生的？心理学家经过研究认为，这是通过对对方的暗示作用实现的。暗示的结果会使一个人发生改变，甚至是很巨大的改变。

心理学家在对少年犯罪的研究中发现，许多孩子成为少年犯的原因之一，很大程度上是因为不良期望的影响。这些少年因为在小时候偶尔犯过错误而被贴上了“不良少年”的标签，这种消极的期望心理一直在影响和引导着孩子们，他们也越来越相信自己就是“不良少年”，最终走向了犯罪的深渊。

在教育中，父母的积极期望对有效教育有重要的影响。那么，在教育中父母如何利用期望效应呢？

第一，相信孩子会学得更好。“相信孩子会学得更好”的信念，应是父母必须具备的教育观。例如：孩子第一次考试得 50 分，第二次考试得 55 分，父母要看到他有“5 分的进步”，挖掘他的潜能，而不是看到他的“不及格”。不要说“你为什么又没有及格，你真是个笨蛋”，这样会伤了孩子的自尊与自信。可以说“这次有了进步，一定要继续加油”之类激励的话。积极的外部信息能使孩子看到自己的进步，肯定自己，激发出蕴藏于自身的巨大学习力量。

第二，确定合理的期望值。期望效应的实质是激发孩子内在的学习动机。如果孩子认为通过努力能够达到目标，就会产生强大的力量。如果孩子认为高期望的目标高不可攀，自然会望而却步；期待的目标太低，又会缺乏激励性，难以发挥潜力，合理的期望对孩子来说很重要。

心理学家认为，孩子的发展有两种水平，即现有的发展水平和潜在的发展水平，这两种水平之间的区域称为“最近发展区”。家长的期望目标也应建立在每个孩子的“最近发展区”的基础上，即建立的期望目标应该让孩子明确认识到经过自己的努力可以达到的目标，激励他“跳一跳才可以摘到果子”。

在教育中，期望效应能最大限度地为孩子搭建充分发展的平台，给孩子更多的欣赏与喝彩，使他得到充分的发展，这正是需要家长来做的事情。

第10章

言传身教，帮孩子戒掉坏习惯养成好习惯

如何让孩子主动不挑食

曾经在一家报纸上出现了一个令人啼笑皆非的新闻：在一个小区里，举办了一个如何让孩子爱上吃饭的交流大会，参加大会的父母都表示，自己的孩子很长一段时间都挑食厌食，让他们很是头疼。

相信很多父母都曾经为这些头疼；孩子总是不爱吃饭，还挑食厌食，长此下去，孩子的营养肯定跟不上，会严重影响孩子的身体发育和健康。为此，父母也想过种种办法，比如分散孩子的注意力，让他不知不觉就吃了一口饭；提高自己的厨艺，做孩子喜欢吃的饭菜；根据医生的建议，给不爱吃饭的孩子另外增加营养；等等。可是都收效甚微。

怎样让孩子不挑食呢？我们可以借鉴“潜能教育之父”老威特的教子之道。

老威特认为孩子养成不良的饮食习惯，责任完全在父母。孩子挑食、厌食、贪吃等多种毛病都只是在父母的溺爱和纵容下任性自私的表现。然而不少父母在生活中不但没有丝毫悔悟，仍一味地满足孩子不合理的饮食要求，或者是诱骗孩子吃有营养的东西。事实上，只要改变了孩子对食物的观念，就能改变孩子不良的饮食习惯。

因此，与其花费大的力气去讨好孩子的胃口，不如从根本上帮孩子树立一个正确的食物观念，让孩子主动不挑食。当然，在此之前，我们首先要搞清楚的是，孩子的挑食厌食，是不是由于生病的原因。

父母要给孩子树立的第一个观念就是“粒粒皆辛苦”。当孩子了解到食物来之不易的时候，他们就会学着去珍惜食物，不再挑三拣四。

乐乐是一个小学二年级的学生，吃饭总是挑三拣四的，妈妈对此很无奈。有一次，妈妈带乐乐回了一趟农村的爷爷奶奶家，让乐乐亲自体会了一下劳动的艰辛，乐乐懂了食物的来之不易，慢慢地吃饭的时候再也不挑三拣四了。

当然，不是每个孩子都有乐乐这样的机会去亲自体验食物的来之不易。作为父母，也可以通过画画等方式，让孩子看看植物开花、结果、慢慢长大的过程，来让孩子感受到食物的来之不易。

其次，父母应该用一种简单易懂的方式让孩子了解一下营养学知识。方法一定是孩子们容易接受的，不能是长篇大论的。比如，可以通过一个小故事来说明不吃饭、挑食的坏处。

小明出生在一个生活富足的家庭里，父母从小明很小的时候就注意小明饮食的营养问题，可是，等到孩子稍微长大一点，出现了一个让他们很担忧的情况，那就是小明吃饭的时候只喜欢吃肉，不喜欢吃蔬菜。为此小明的妈妈经常给小明讲：要多吃蔬菜，不能只吃肉，不然营养不均衡，很容易导致身体出现问题。可是小明对此就是充耳不闻。

有一天，小明的妈妈在杂志上看到了一个很胖的小孩，便拿给小明看。

“小明，猜猜这个孩子怎么会变成这个样子呢？”

“嗯，他吃得太多了吧。”

“猜对了一半。”

“那另一半呢？”

“另一半就是这个孩子跟我们小明一样，从来只爱吃肉，不吃蔬菜。”

小明吃惊地望着妈妈。

“真的吗？”

“真的。”

然后小明低下了头，不说话了。等到再次吃饭的时候，妈妈就发现小明把筷子伸向了放蔬菜的盘子里。

此外，要给孩子少吃零食，孩子零食吃多了，会扰乱孩子正常的饮食规律，导致他在正餐时间拒绝吃饭。杜绝孩子吃零食和适当采用饥饿疗法，都有助于纠正孩子不爱吃饭的习惯。

孩子的饮食健康是孩子身体健康的保证，很多父母对此都是十分在意，但是切记不要太过紧张。除了加强孩子尊重粮食的意识和进食的控制之外，妈妈也需要“宠辱不惊”。不管孩子爱吃什么、不爱吃什么，都不要大惊小怪，因为这样只会让孩子觉得，吃东西是为了讨欢心，或者是为了发脾气，这就背离了饮食的本意了。

总之，在孩子成长的过程中，有一段时间出现挑食厌食是很正常的一种现象，父母对此无须太紧张，当然也不可置之不理，只要父母耐心引导，孩子是会主动不挑食厌食的。

帮助孩子纠正拖拉的毛病

明代著名的学者钱鹤滩的《明日歌》：明日复明日，明日何其多？我生待明日，万事成蹉跎。世人苦被明日累，春去秋来老将至。朝看水东流，暮看日西坠。百年明日能几何？请君听我明日歌！

这首诗七次提到“明日”，告诉人们：世界上的许多东西都能尽力争取，失而复得，只有时间难以挽留。

西方的哲学家也曾说过：生命是由时间积累而成的，谁将该做的事无端地向后拖延，谁就会浪费生命；谁重视时间，时间就对谁慷慨；谁会利用时间，时间就会服服帖帖地为谁服务。

然而，在孩子的成长过程中，由于孩子天性散漫，再加上缺乏父母的合理引导，很容易养成办事拖拖拉拉的毛病，这无疑会让孩子浪费不少好时光。

初三男孩李江 15 岁，长得虎头虎脑，性格开朗大方，几乎看不出他有什么烦恼。但是，他的内心相当孤独，非常苦闷。

虽然他刻苦学习，成绩一直很不错，但是，老师和同学都不喜欢他，因为他做事总是拖拖拉拉。他的作业经常不能够按时完成，导致老师经常生气。在生活中，同学们谁也不愿意跟他合作，因为他办事情像一个老太婆，和大家根本就不是同一个节奏。

在一次晚会中，大家一起玩游戏。他和几个同学分在一组，结果因为他拖拖拉拉，使得他所在的那一组输得很惨。同组的几个同学都责怪他，不愿意和他交往。慢慢地，其他同学也不愿意理他了，觉得跟他合作既倒霉又没有意思……他在学校连个好朋友都没有，感到很压抑。

办事拖拉、磨磨蹭蹭是孩子常见的一种毛病。孩子办事拖拉一般表现在：

因怕困难而把艰巨的任务、麻烦的事情拖到最后办理，或寻找借口一拖再拖；

不善于整理环境，卧室、写字桌上乱七八糟；

缺乏进取精神，不愿改变环境，不愿接受新任务；

老是不肯做作业，一直拖到每天的最后一刻，甚至点灯熬油开夜车；

遇到棘手的事或考试，就装生病、找借口，企图回避；

在受到不公正的待遇时，即使自己有理，也喜欢忍气吞声，以免和别人发生冲突；

无论遇到什么事情都怨天尤人，从不从自身寻找原因；

说起来一套一套的，想法很多，但从来不付诸实施……

如果孩子在中学时期还没有克服掉这种毛病，就有可能形成懒惰的性格，在碌碌无为中度过平庸的一生。所以父母一定要注意帮孩子改掉这一陋习。

孩子吃饭做事慢吞吞的，最容易令父母心急。早晨时间有限，看着孩子从起床、吃饭到准备上学，样样拖拖拉拉，三催四请还是慢吞吞的，让人忍不住拉开嗓门责备他。结果大人光火了，孩子却泪眼汪汪地站在那儿发愣，坐在那儿发呆。慢吞吞已经够让人心烦了，若再加上教导不当，衍生其他冲突或成长问题，那就更令人困扰了。许多孩子的问题是像滚雪球一样，越滚越大，随着年龄增加，将有更多的困扰。

孩子做事慢，或者磨蹭，有的与孩子的性格有关，有的和孩子的生活习惯有关，父母应具体问题具体分析，对症下药，力争药到病除。

父母要想纠正孩子拖拉的毛病，最重要的是必须让他们学会珍惜时间，懂得"一寸光阴一寸金，寸金难买寸光阴"的道理。

对于人的一生来说，年少时光是最宝贵的，也是最容易流逝的。孩子天真活泼、精力旺盛、记忆力好，是学习的黄金时期。古今中外那些有所作为的大人物，无一不是惜时如金。

要想孩子在未来有所成就，成为强者，父母必须让孩子有明确的时间观念。

在生活或者学习上，要求他们一定要做到今日事今日毕。至于具体的操作办法上，父母可以帮助孩子把明天要做的事情列一个清单，让他们做完一件事情就划掉一件事情。尽可能从他们必须做却不太喜欢的事情做起，并且在每件事情后面写上限定的时间。

不给孩子的惰性心理留任何滋生的机会，时时提醒孩子"明朝还有明朝事"，从而杜绝其散漫拖延的不良习惯。

怎样让说脏话的孩子住嘴

在公共场合，常常会遇到一些脏话连篇的人，这时候周围的人都会流露出一种鄙夷的表情。如果说脏话的人是孩子，就更让人听着难受——看上去机灵可爱的孩子，怎么就“出口成脏”呢?

说脏话会被看成没有教养的表现，几乎所有的父母都不愿意让自己的孩子和说脏话的人交朋友。而且说脏话的孩子会被主流社会否定，会被贴上“坏孩子”的标签。

也许孩子并不明白自己的脏话到底是什么意思，但他已经被贴上了“坏孩子”的标签。孩子生活在社会的大环境中，难免会受到不良语言的影响。有时候孩子和小伙伴发生了争执，也会使孩子被迫骂人，以牙还牙，这样最容易让孩子养成不良的习惯。

琪琪和莉莉是同一个班上的两个小女生，平时就喜欢斗嘴。莉莉骂人骂得特别凶，常常会把琪琪气哭。

有一次，在学校大扫除的时候，琪琪负责提水，一不小心摔跤了。莉莉看到之后，不但没有过来帮忙，反而站在一边嘲笑：“你笨蛋啊！连走路都走不好，是不是小时候爹妈没有教过你走路啊？”琪琪听到之后，很难过地哭了起来，当时也回骂了莉莉一句，可是心里还是不好受。

琪琪放学回到家之后，还是闷闷不乐的，忍不住把学校的事告诉了妈妈，并且问妈妈：“如果有人骂你，你该怎么办呢？是不是应该回骂别人一句呢？”妈妈这才明白了琪琪一晚上闷闷不乐的原因。

妈妈问琪琪：“如果你要送礼物给别人，别人却不接受，那你该怎么办呢？”

琪琪很认真地回答：“那就自己带回去啊。”

妈妈说：“同样的道理，当有人骂你的时候，你也不要接受他的责骂，就请他自己带回去吧。”

琪琪听懂了妈妈的意思：“我不接受别人骂我，说明别人没有骂到我，而是在骂他自己。”

妈妈又补充了一句：“所以当别人骂你的时候，千万不能回骂别人。否则，你也和他一样了，记住，骂人就是骂自己啊。”

琪琪的心结解开了，和往常一样按时休息了，第二天照样精神饱满地上课。

要想从根本上杜绝孩子说脏话，父母一定要注意以下几点：

第一，父母自己千万不能说脏话，要给孩子树立一个好榜样。很多父母在家时都不注意这一点，动不动就说脏话，孩子耳濡目染，自然也会受到影响，开始说一些脏话。最为可怕的是，孩子有时候还没有意识到这是脏话。所以父母一定要做好榜样。如果父母千叮咛万嘱咐告诫孩子不要说脏话，可是自己却脏话连篇，这让孩子怎么信服呢？

第二，当孩子说了脏话的时候，一定要制止，并告诉他这是非常不好的行为。孩子有时候是不会意识到自己说脏话的，他可能只是从别人那里听来的，觉得好玩，就随口说了出来。这个时候，父母一定要温和地告诉孩子，这种行为是非常不文明的。但是切记不能因为孩子说了脏话对孩子进行体罚，这可能会导致孩子从心理上反抗，从而不听从父母的话。

第三，要对孩子的情绪进行合理的引导。有些孩子可能是跟同学朋友吵架，或者被老师父母说了几句，心里愤愤不平，脏话就随口而出了。这时候，父母就需要注意了，对孩子的这种负面情绪要理解，并加以合理的引导，为他们创造条件发泄负面的情绪。比如可以创设悄悄话角，让孩子用语言发泄情感。当孩子感到愤怒的时候，可以让他们来到这个角落，独自大喊大叫，并舞动自己的手臂。还可以让孩子通过运动的方式来宣泄感情。

孩子说谎，找原因胜过责骂

诚实就像一件漂亮的衣服，对于孩子的成长而言，这件漂亮的衣服不是一件装饰品，而是一件必需品。那些拥有这件漂亮衣服的孩子，会交到更多的朋友，会得到更多的肯定和爱。可是，总有一些孩子调皮捣蛋，忘记了穿这些漂亮衣服。

那这时候，作为父母应该怎么办呢？

是大声地呵斥，以此警示要是再犯就挨揍，还是耐心教导，仔细分析孩子说谎的原因，告诉他说谎的坏处，让他不要再犯？有不少父母都不自觉地选择了前者，因为，他们知道孩子撒谎后的第一个反应就是生气，生气几乎掩盖住了理智。

一个母亲就曾讲过这样一个故事：

一个月前，女儿去张同学家玩，回来的时候把同学的小卡片拿来了，我发现后鼓励女儿还给同学，并要求她向人家承认错误，还告诉她别人的东西再好也不可以拿，如果喜欢可以和爸爸妈妈商量等，女儿答应了。

我以为事情就这样结束了，没想到后来和女儿的另一个佟同学的妈妈通电话，她告诉我说女儿那次和张同学说是佟把她的卡片拿回了家，她帮助人家还回来。

我听了以后很惊讶，真不敢相信小小的女儿变得这么“复杂”，竟然可以用一个谎言掩盖自己的错误，难过、生气、慌乱，许多的感觉交织在一起。

晚上回家后我问女儿那天是怎么和同学说的，她似乎意识到了自己的谎言被揭穿了，有点不安，但并没有说出真话，只说自己忘了。

我也实在没有耐心再听她继续撒谎了，就开始大声地训斥她，并且要求她明天分别向两个好朋友道歉。可是女儿却哭着跑开了。

第二天早晨火气消了以后，我问女儿为什么要说谎，她说因为怕同学笑话她，所以才那么说。

我理解她的心情，因为女儿的自尊心比较强、爱面子，可是我告诉她，做错事就要勇敢地承担责任，否则这是一个比前一个错误还要严重的错误。女儿点了点头，说自己知道错了，以后再也不撒谎了。

仔细想想，父母的生气并非没有理由：辛辛苦苦养大的孩子怎么转眼间就变成了一个说谎精，平日里品德教育的作用都去哪里了？可是，生气归生气，生气之后就应该立马冷静下来，找找孩子说谎的原因。要知道，只有对症下药，才可能让孩子真正改掉说谎的习惯。

需要注意的是，不少父母总觉得撒谎是一个不可饶恕的错误，撒谎的孩子一定是品行出了问题。其实，仔细分析孩子说谎的原因，就知道这种说法有些小题大做了。孩子撒谎固然不好，但是并非孩子的所有错误都与“品德不端”有关。许多时候，孩子犯错的最初原因可能在家长身上，也可能是无意中模仿大人的不实之词，或出于自我保护的本能，或为了迎合家长的过高期望，满足某种虚荣心。孩子犯错，作为家长要正确理解并加以引导，根据不同情况客观分析，对他进行正确的教育引导，即使孩子犯了错，只要说了真话，就应肯定他的表现，并引导他不断完善自己。

此外，父母在找到孩子说谎的原因后，就要反思一下自己的教育，比如说有些孩子因为害怕惩罚而撒谎，那父母就应该反思自己平时是不是太严厉了，所以才导致了孩子撒谎。

帮孩子拔出嫉妒的毒瘤

嫉妒是孩子成长过程中一个无法回避的话题。孩子的嫉妒，不仅在家有，在学校也有。因为性别的原因，父亲在矫正孩子的这种弱点上面，有更多的责任。教会孩子宽容和珍惜友谊，是使其终身受益的事情。

要纠正孩子的嫉妒心理，父母先要分析嫉妒产生的原因。孩子嫉妒心理的产生是与其最关心的事物相联系的，孩子们之间的嫉妒常常反映在以下几个方面：

1. 因别人受表扬而嫉妒

别人受了表扬，有的孩子暗中不服气，有的公开挑人家的缺点，也有的故意表现出无所谓的态度。其实，他们的心理反应是："有什么了不起，我也做得来。"

2. 因别人学习好而嫉妒

学习是孩子们的主要任务，学习成绩是评价孩子的重要指标。因此，有的孩子学习不如别人就嫉妒别人。有一个班级曾经发生这样的怪事：在期中考试前一个星期，班上成绩最好的几个同学的笔记本不翼而飞，这几个同学着急的程度可想而知。考试之后，笔记本又回到了那几位同学的课桌里。显然，这不是一般的恶作剧，是某个同学出于嫉妒心理，采用了不道德的手段。

3. 因亲疏关系而嫉妒

有的孩子因为不被重视，而嫉妒受老师重视的同学，并且常常迁怒于老师，背后议论老师，甚至对班上的某些事情采取消极的态度。

同学之间的亲疏变化，也常引起嫉妒心理的产生。有些孩子因嫉妒别的同学之间关系好，而从中挑拨，甚至诽谤。

4. 因物质方面不如别人而嫉妒

孩子们普遍希望有漂亮衣服、名牌衣服、好的文具、好的玩具等，由于家庭条件不同，父母教育方法不同，总会产生有这个没那个的现象，这是正常的。但是，一些孩子会因此而产生嫉妒心理。当别人的东西脏了、坏了时，甚至幸灾乐祸。

嫉妒是一种消极的社会现象，它是对别人在品德、能力等方面胜过自己而产生的一种不满和怨恨，是一种被扭曲了的情感；它对个人、集体和社会起着耗损作用，是一种对团结友爱非常不利的情感。这种缺点如果保留到长大以后，那么孩子就很难协调与他人的关系，很难在生活中心情舒畅，因为嫉妒心理强的人，别人的成功和他自己的失败，都会给他带来痛苦，平添不少烦恼。

孩子的嫉妒心虽是儿童心理发展中的自然现象，但父母也不能听之任之，父母应及时加以疏导，以免孩子形成不良性格。如脾气古怪、多疑、粗暴自卑、执拗或自暴自弃等，这是对孩子十分不利的。

因此父母平时要关心孩子与人相处时的各种表现，一旦发现孩子有嫉妒心的毒苗，就要帮助孩子正确地对待，及时疏导。

要纠正孩子的嫉妒心理，父母可以从以下几个方面着手：

1. 建立良好的环境

嫉妒心理和行为的产生，虽有多种原因，但从根本上讲，是孩子内部的消极因素和外部环境的消极因素相互影响、相互作用而产生的。父母应当在家庭中为孩子建立一种团结友爱、互相尊重、谦逊礼让的环境气氛，这是预防和纠正孩子嫉妒心理的重要基础。

2. 耐心倾听，让孩子合理宣泄

孩子的嫉妒是直观、真实而自然的，它只是孩子们对自己愿望不能实现而产生的一种本能的心理反应。因此，父母不要盲目对孩子的嫉妒心理和行为进行批评，要耐心倾听孩子们的苦恼，理解他们无法实现自己愿望所产生的痛苦情绪，使孩子因嫉妒产生的不良情感能够得到宣泄，并把握孩子嫉妒的成因。

3. 让孩子正确地评价自己和别人

孩子都喜欢受到表扬和鼓励。表扬得当，可以巩固其优点，增加他的自信，促进他不断进步；如果表扬不当或表扬过度，就会使孩子骄傲，进而看不起别人，认为只有自己好，别人都不如自己，甚至当有人说别人好，没说他好，他就难以接受。

这是因为孩子年龄小，自我意识刚开始萌芽，他还不会全面地看问题，不能正确地评价自己和别人。他对自己的评价是以成人对他的评价为标准的，所以父母要正确评价自己的孩子，不能因疼爱和喜欢，就过高评价孩子的品德、能力，以免孩子对自己产生不正确的印象。

父母还要适当地指出孩子的长处和短处，使孩子明白人人都有长处和短处，小朋友之间要互相学习。父母可以教育孩子经常反问自己："我现在各方面表现如何？有什么优点？有什么缺点？跟上个月比较哪些方面有进步？哪些方面有退步？我该怎么办？我有决心再上一个新的台阶吗？我是否应该听取爸爸妈妈的意见？是否征求老师、同学的意见？"

同时，教育孩子在班上给自己寻找追赶的榜样，看到别人的长处。一个孩子如果能经常这样去想问题，嫉妒心理就会慢慢打消，就能够客观地自我评价，客观地评价别人。

4. 帮助孩子强化自身的优势

现实中的人必然是有差异的，不是表现在这方面，就是表现在那方面。一个人承认差异就是承认现实，要使自己在某方面好起来，只有靠自己奋进努力，嫉妒于事无补，而且会影响自己的奋斗精神。

父母如果发现孩子在某些方面不如别人的孩子，不要当面指责孩子不如别人，而应具体帮助他提高这方面的能力。如果有条件，父母可以请一个能力强的孩子来帮助自己的孩子，这样可以提高孩子的能力，而且孩子之间真诚友好的帮助也是克服嫉妒心理的良方。

5. 对孩子进行谦虚美德的教育

通常嫉妒较多地产生在有一定能力的孩子身上，孩子往往因为已有能力，但没有受到注意和表扬，因而对那些受到注意和表扬的小朋友产生嫉妒。

所以在纠正嫉妒心理同时还必须对孩子进行谦逊美德的教育，让孩子懂得“谦虚使人进步，骄傲使人落后”的道理。让孩子明白即使别人没有称赞自己，自己的优点仍然存在，如果继续保持自己的长处，又虚心学习别人的长处，自己的才干就会更强，就会真正地长久地得到大多数人的喜爱。

6. 引导孩子树立正确的竞争意识

有嫉妒心理的孩子一般都有争强好胜的性格。父母要引导和教育孩子用自己的努力和实际能力去同别人相比，竞争是为了找出差距，更快地进步和取长补短，不能用不正当、不光彩的手段去获取竞争的胜利，把孩子的好胜心引向积极的方向。

父母应设法将孩子的嫉妒心转化为竞争的动力，即让孩子把注意力放在“怎样超过别人”上。教育孩子贬低别人并不能抬高自己，落后的原因不在于别人，而在于自己，以积极的努力缩短实际存在的差距，最终化解内心的不平衡。

父母千万不能用贬低孩子所嫉妒的对象的办法来减轻孩子的

嫉妒心理，那样会导致孩子过多地去看别人的不足而放弃自己的努力。

帮孩子改掉丢三落四的毛病

孩子丢三落四是常见现象，孩子做事拖拖拉拉大手大脚，家长一边埋怨着，一方面跟在孩子后面查缺补漏，恨不得天天跟在孩子后面，唯恐孩子因为忘了东西而耽误事。

很多家长都有去学校给孩子送忘记带的作业、学习用具的经历吧？孩子总是匆匆忙忙地赶着上学，发现东西忘了就打个电话给爸爸妈妈，于是家长就会冒着上班迟到的风险风风火火地先赶去学校给孩子救场。但不知道家长们有没有这样的发现：给孩子送了一次东西，孩子很可能过不久还会忘记带另外一样东西，还是会打电话向父母求助……

孩子之所以丢三落四，主要有三种类型：一是态度马虎，没有听完或听清别人的话，就急急忙忙去做；二是生活缺乏条理，东西总是乱放，没有合理的秩序安排；三是记忆力较差，对事情的考虑还不周全。用一句话来说，都是由于孩子缺乏自我管理意识造成的。倘若家长事事代劳，那么孩子的自我管理能力就很难完善，也就很难改掉丢三落四的坏习惯。所以建议家长不要总是抢着为孩子的行为“买单”，有的时候，让孩子吃点苦头才是最佳的教育方法。

虽然很多家长都想要自己的孩子没有丢三落四的坏毛病，可是一到丢了东西之后，便很快地安慰孩子，并且买新的代替。其实，只有多让孩子尝尝“苦头”，孩子才能记住以后应该怎么做，从而提高自我管理意识水平。

刚刚回家后一脸的害怕，原来他把新买的自行车又放到楼下，结果丢了。这是刚刚丢的第三辆自行车了。刚刚的爸爸知道后很生气，但话语中没有表露，只是告诉他既然这样粗心，那就自己想办法去学校吧。学校离家虽然不是特别远，但这段距离也让刚刚深深地记住了，做事情一定要细心。

一天，小磊的学校举行活动，规定要穿校服、戴红领巾。可是刚下楼不久，小磊就按对讲门铃，要爸爸给他送落下的红领巾。可是他的爸爸却一改往日快送的习惯，而是让小磊自己上楼取。上下5楼，对上学时间已是很紧的小磊，无疑是一个考验，但他终究没有拗过爸爸，只好自己跑上跑下，一溜儿小跑，累得气喘吁吁，还差点迟到，才弥补了自己犯下的“过失”。但是从此以后，小磊开始把“认真、细心”牢牢地放在心上，做事再也不那么粗心大意了。

要孩子改掉粗心、丢三落四的毛病，家长就要学会做个“懒爸爸”“懒妈妈”。现在的孩子成了家中的“小太阳”，说什么是什么，即使不说家长也会帮着做好。衣来伸手、饭来张口已经成为事实，长期下去，孩子的依赖性就会很强，也就很难真正地进行自我管理。所以，家长在生活中要学会理智地“偷懒”，孩子忘了东西，家长就让他自己去拿，以此来培养儿童的独立性，放弃依赖性。如收拾书包，家长要尽可能地把这些小事交给孩子来做，让他们从小事中培养独立的习惯和责任意识。

如果孩子是因为思考不完善而导致丢三落四的话，家长可以适当地提醒孩子，但不要直接把结果告诉孩子，也不要主动帮孩子把事情补充完善。

让孩子记住一个道理：在做一件事情之前的准备过程中，一定要考虑清楚这件事情的每个环节和每个细节，不仅要全面、周全，还要考虑到一些潜在的突发情况，真正做到有备而来，才能把事情做好，不至于因为突发状况而累己累人。

以身作则，培养诚实的孩子

美国一位著名心理学家为了研究早期教育对人一生的影响，在全美选出50位成功人士，他们都在各自的行业中获得了卓越的成就；同时又选出50位有犯罪记录的人，分别给他们去信，请他们谈谈母亲对他们的影响。有两封回信给他的印象最深。一封来自白宫一位著名人士，一封来自监狱一位服刑的犯人。他们谈的都是同一件事：小时候母亲给他们分苹果。

那位来自监狱的犯人在信中这样写道：

小时候，有一天，妈妈拿来几个苹果，红红绿绿，大小不同。我一眼就看中一个又红又大的苹果，十分喜欢，非常想要。这时，妈妈把苹果放在桌上，问我和弟弟：你们想要哪个？我刚想说要最大最红的一个，这时弟弟抢先说我想说的话。妈妈听了，瞪了他一眼，责备他说：好孩子要学会把好东西让给别人，不能总想着自己。

于是，我灵机一动，改口说："妈妈，我想要那个最小的，最大的留给弟弟吧。"

妈妈听了，非常高兴，在我的脸上亲了一下，并把那个又红又大的苹果奖励给我。我得到了我想要的东西，从此，我学会了说谎。以后，我又学会了打架、偷、抢，为了得到想要得到的东西，我不择手段。直到现在，我被送进监狱。

那位来自白宫的著名人士是这样写的：

小时候，有一天，妈妈拿来几个苹果，红红绿绿，大小不同。我和弟弟们都争着要大的，妈妈把那个最大最红的苹果举在手中，对我们说："这个苹果最大最红最好吃，谁都想要得到它。很好，现在，让我们来做个比赛，我把门前的草坪分成三块，你们三人一人一块，负责修剪好，谁干得最快最好，谁就有权得到大苹果！"我们三人比赛除草，结果，我赢得了那个最大的苹果。

我非常感谢母亲，她让我明白一个最简单也最重要的道理：要想得到最好的，就必须努力争第一。她一直都是这样教育我们，同时自己也是这样做的。在我们家里，你想要什么好东西都要通过比赛来赢得，这很公平，你想要什么、想要多少，就必须为此付出努力和代价！

小时候，妈妈给孩子灌输的是一种什么样的心态，他长大了便会用什么样的心态去对待身边的事与物，你也可以通过分苹果这样的小事，给孩子灌输一种积极诚实的心态。如果你对孩子撒谎睁一只眼，闭一只眼，不闻不问，听之任之，就会变成一种放纵，孩子会越说越厉害，直至走上邪路。

不要让孩子做“电视土豆”和“网瘾君子”

孩子整天围着电视电脑，是让家长最不能忍受的一件事情。“你就不能下楼打打球？”“再看都成傻子啦！”“眼睛近视了看你怎么办！”……无论是从健康的角度，还是从孩子的学习角度，相信很多家长都能说出一大串不要多看电视的理由，但孩子就是不听。这时候怎么办？

有一个妈妈的做法就很巧妙：

平时妈妈总是叮嘱儿子说9点半必须上床睡觉，不然就把电闸关了。可是儿子不听，有时候家长出门去买东西，他就在家看电视。听到妈妈上楼的声音，他就把电视机关了回房睡觉，妈妈一摸电视机就明白，还是热乎的。这简直就像地下工作者与敌人的斗智斗勇。找出证据又能怎样，还是不能让孩子从根本上对电视失去兴趣。

儿子看书的时候，妈妈说：“孩子你今天多看会儿书吧，到10点睡，记得关上灯。”可是她关上屋门，孩子根本就没有看书，而是在里面看漫画或者睡觉呢。

看到打压行不通，妈妈就改变了策略。有一天晚上，孩子又在看电视。妈妈就对孩子说：“儿子，今天你随意看电视吧，好看就多看会儿，记得一会儿帮我关了电视机。”结果她在自己屋里听，孩子还没看到一个小时就关了电视机，进屋自己玩儿了。然后，妈妈就走进孩子的卧室问：“怎么不看电视啊？”“唉，今天的节目没意思。”孩子说。

“那你今天看书吧，不许看到很晚，9点半一定要关灯睡觉，注意身体，别太辛苦了。”结果，这孩子学到10点才睡。

孩子都有一个逆反的心理，你越是说他，他越是不愿意去做；但是如果你跟他说不要太努力了，他又会努力起来。

在看电视问题上，如果你一直是一个以正面打压为主的家长，那么要换一换方法了，从反面去刺激，鼓励他自己看电视，自己控制时间，往往更加有效果。

另外，家长多带着孩子出去旅游、逛公园、游泳等，让孩子的兴趣爱好广泛一些，他们在电视中沉迷的概率就会小一些。

当我们痴迷于一个电视剧的时候，突然停电了，感觉肯定不好受。妈妈有时候却在做停电杀手的角色，孩子看得正高兴，妈妈气冲冲地把电视关掉了。孩子心里的感受该多难过、多失望啊！妈妈千万不要用这样的方法来阻止孩子看电视，这样的行为不是文明者的行为，起码缺少了彼此的尊重。

有关专家通过调查发现：孩子不上学的时候最常做的事就是看电视或玩电脑。

美国的教育学家通过研究发现：孩子平均一天最少在电脑或电视前待上2小时，到了周末的时候看电视的时间会更长。大多数的美国孩子平时放学之后到晚上10点钟，家庭开机的时间平均是3小时20分钟，孩子每天看2小时电视，周末的时候更是高达5小时。

看电脑或电视的时间过长会给孩子的健康带来严重的伤害，

比如容易造成过胖、变傻变笨、懒散被动、注意力降低等后果。在强烈的声光画面下，孩子的脑部只维持在原始区域运作，无法刺激他们思考区域的发展。

过度地看电视或电脑也会增加孩子的霸道行为。因为他们通过屏幕接收了太多的语言暴力和攻击性行为。因此，美国小儿科的医学会建议，别让2岁以下的孩子看电视，鼓励家长为孩子挑选优质的电视节目，而且最好一天不要超过2小时的时间。

下面的七招，可以有效制止孩子成天黏在电脑前：

1. 先跟孩子订好规矩，包括看电视电脑的时间和次数

美国斯坦福大学的教育学家宾森曾经建议家长“先说好规则，可以减少争执和赖皮的机会”，比如，家长可以在周末的时候就和孩子讨论下周要看哪些节目。至于其他的基本规则都要和孩子提前商定好，比如吃饭的时候不可以看电视、功课没有做完不可以看电视，这些都要事先和孩子说好，也培养他们信守承诺的习惯。

2. 家长可以陪孩子一起看，并和孩子一起讨论关于电视的内容

在孩子在看电脑或电视的过程中，家长可以介入并且阐发自己的观点，这样做可以扭转孩子一些不正确的见解，如果在这个过程中和孩子有充分的讨论，也会减弱电脑或电视的影响力。

值得注意的是：家长在陪同孩子看电视的过程中，千万不要忽略广告的负面作用。通过研究发现，孩子一年会看到大约4万条广告，其中包藏着许多高卡路里与油腻垃圾食物的宣传，不断引诱孩子消费。所以家长不要以为在广告时间就可以放松对孩子的引导，还是要留意一下孩子看的是什么广告。

3. 以优质的DVD取代不好的电视节目

已经有越来越多的家长发现电视节目已经不能提供给孩子更多有益的内容了，为什么不考虑花钱买一些优质的DVD来给孩子观看呢？

4. 将电脑或者电视放在不显眼的角落里，同时把遥控器也收起来

很多家庭习惯把电视机放在客厅最显眼的角落，而教育专家却提醒家长们，可以尝试将电视放在不显眼的角落里，以减少它给孩子带来的诱惑。如果不习惯家里没有电视机的声音，不妨打开收音机，有趣的音乐和广播同样会使家庭气氛活跃不少。

5. 电脑和电视都不要放在孩子的房间里

如果在孩子的房间里放置电视或电脑，只会让孩子和家中的其他成员更加疏远，同时也会影响他们做功课和睡觉的时间，更糟的是父母无从知晓他们的孩子是否接触到了不良的节目。

6. 不要把电视机或电脑看成孩子的保姆

有的家长习惯于把孩子交给电视或电脑，觉得这样做孩子会更加安分。殊不知，这样做的结果只会让孩子对电视电脑倍感亲切。家长可以让孩子来分担一些家务，这样就不用担心他看太多的电脑或电视，同时还增强了孩子的做事能力。

7. 建议家长以身作则，尽量少看电视

很多家长不希望自己的孩子看电视，可是他自己却戒不掉，而且振振有词地说：“我白天工作那么辛苦，就靠晚上看电视来放松休息，不看电视，那我干什么呢？”如果家长是这样的想法，完全没有办法、也没有资格来要求孩子不看电视、不玩电脑。

家长不妨尝试着关掉电视机，利用剩余的时间开展一些其他的活动，让孩子感受到父母的生活是那样的充实有意义，他们自然也就不敢浪费时间。

教孩子用语言代替哭泣

3岁的洋洋正坐在客厅里专心致志地玩着一个小汽车，妈妈在厨房做饭。过了一会儿，洋洋忽然大哭起来。妈妈听见了，赶忙丢下手里的东西冲出去。她发现洋洋正在电视柜附近坐着，小手指着柜子下面，眼睛里噙满泪水。妈妈一看就明白了，是小汽车滑到了柜子下面，孩子拿不出来了。她对孩子说：“洋洋告诉妈妈想要什么，说完妈妈给你拿！”“汽车！”洋洋带着哭腔回答。“宝宝乖，你对妈妈说：‘妈妈，我想要小汽车。’妈妈马上就拿给你。”“妈妈，我想要小汽车。”洋洋听话地重复道。然后，洋洋拿到了妈妈给他的小汽车。

后来有一次，爸爸在书房看书，妈妈在卧室织毛衣，洋洋自己在客厅玩，忽然停电了，可是洋洋没有哭，只是一直喊：“妈妈，快来！我怕……”

其实，洋洋面对黑暗的屋子，能够做到不哭，而是用语言表达自己，这跟妈妈的引导有很大关系。因为在平时的生活中，孩子已经养成了这样的思维方式，遇到事情先用语言表达自己的感受，或者用语言向父母求助。

在孩子进入语言敏感期的初期，他们还习惯用哭泣来表示自己心中的委屈、恐惧或者某种需求。这时候父母应该读懂孩子的表达方式，并且试着让孩子用语言来代替哭泣来表达自己的想法。

父母在孩子的语言敏感期要多多鼓励孩子用语言表达自己，而不是用哭泣来引起别人注意。其实在语言敏感期，孩子不仅需要学习语言，还需要养成良好的思维方式，当然这就需要父母在日常生活中注意对孩子加强引导。

在生活中我们常常见到这样的场景：

孩子吃饭的时候不小心被烫着了，妈妈会这样安慰孩子："这饭真不好，把宝宝烫着了。宝宝不哭，我们把它倒掉！"

孩子走路不小心被石子绊了个跟头，结果孩子还没哭，妈妈就跑上前去："宝宝不疼，都怪小石子，咱们把它踢开！"

但是以上的两种场景可能会出现同样的结果，那就是孩子放声大哭。其实这就是孩子误导了孩子的思维方式。在孩子学习语言的敏感期，他们不仅要学习一些具体的名称，更重要的是要学习一些简单的逻辑思维方式。在上面的两个例子中，父母就向孩子传达了错误的因果关系。孩子被烫或者摔倒，与饭或石子是没有关系的，这本是孩子自己不小心造成的，而且孩子也并没有把原因归结到其他事物上面，但是父母却自以为是地帮助孩子开脱，说了那么多"道理"，这就让孩子顿时感觉很委屈，于是就用"哭泣"来表达内心的"委屈"。

父母一定要牢记，当孩子因为某些意外觉得自己受了委屈并用哭泣来表达的时候，父母一定要理智，千万不要把责任推给无辜的人或物，而是要用语言告诉孩子真正的原因，让孩子形成正确的思维模式。当孩子学会正确地思考问题时，他就不会动不动就大哭，而是会理智地用语言告诉父母自己面临着什么样的问题，需要父母帮忙做些什么。

让孩子尝尝“自作自受”的后果

18 世纪法国教育家卢梭认为：“儿童所受到的惩罚，只应是他的过失所招来的自然后果。”这就是卢梭的自然惩罚法则，是世界教育史上的一个里程碑。

所谓自然惩罚法则，就是让孩子学会为自己的行为负责，让他尝一尝“自作自受”的滋味，强化痛苦体验，从而吸取教训，改正错误。例如，孩子不爱惜家里的东西，总是会弄坏一些东西，一次他把吃饭坐的椅子弄坏了，那么家长就不妨毫不留情地让他连续几天站着吃饭。简而言之，自然惩罚法则的关键就是让孩子感到受惩罚是自作自受，是应该受惩罚的。

一个孩子很任性，动不动就摔东西来表示自己的“抗议”。一天，因为妈妈没给他买他想吃的东西，他就把一件新玩具摔坏了，把一本书撕烂了。妈妈更是“强硬”，马上宣布一个月之内不再给他买新玩具和书，一个月后若他还没有改正的行为则继续延长惩罚时间。

英国教育家斯宾塞曾断言：“真有教育意义和真正有益健康的后果，并不是家长们自封为‘自然’代理人所给予的，而是‘自然’本身所给予的。”自然惩罚实际上是自然后果带给孩子的惩罚，这种教育方法可以很好地避免孩子任性和依赖。

让孩子接受自然惩罚有三点好处：

首先，它是完全公正的。几乎每个孩子在受到自然惩罚时，都不会感到委屈，因为那是他自己造成的；如果受到人为惩罚，孩子们多少会有委屈感，因为人为惩罚常常会被放大。一个不爱护衣服的孩子把衣服弄脏，按自然惩罚的原则，只是让他接受洗衣服的苦头，而孩子则会把这里的原因归结为自己的不小心。相反，如果大人去责骂、体罚孩子，孩子则会觉得不公。

其次，它可以使孩子和父母避免冲突、减少愤怒。但凡认为惩罚、责骂孩子，父母和孩子往往都会生气、愤怒。但是在自然惩罚下，亲子关系因为比较亲切、理性而会联系得更紧密，亲子关系不会受到任何影响。

再次，它可以明确孩子的是非观念，强化孩子的责任心。责任心是一个人在社会中发展必不可少的品质，是孩子健康成长的基石。从小就有责任心的孩子，长大了才能对自己所做的任何事情负责任，才会成为一个站得正、行得端的堂堂正正的人。

不过，让孩子接受自然惩罚，妈妈必须明确的一件事——惩罚不是体罚。这也就是说，当孩子做出过失行为并造成自然后果时，你需要分析这种自然后果是否会伤害孩子的身体健康。如果这种后果已经对孩子的身体健康造成伤害，那么就会失去教育作用。

当孩子做出一种行为时，妈妈可以帮助孩子分析这种行为可能产生的后果并告诉他。如果孩子坚持做出这种行为并产生不良后果时，妈妈不必给孩子讲道理，让孩子顺其自然地接受后果，自己去处理他造成的烂摊子。但是，在孩子处理自己的烂摊子时，妈妈在一旁冷眼旁观即可，而不能添油加醋地嘲讽，否则就不利于孩子正视自己的行为，甚至还会变本加厉地重复错误的行为。

再有，每个孩子都有不同的个性特征，在实施自然惩罚时，妈妈还是应该有所区别。比如有的孩子对自然惩罚满不在乎，抱一种无所谓的态度：玩具坏了不给买，我不玩；衣服撕破了不给换，我就穿破的。如果是这类孩子，那么自然惩罚对他是产生不了刺激作用的，所以妈妈也没有必要采用这种教育方法，而应当换另外一种行之有效的办法。